受験は三省堂

2024 ケータイ 賃貸

不動産経営

管理士

学習初日から試験当日まで

土家幸希 著

JN016198

三省堂

はしがき

　賃貸不動産経営管理士試験は、毎年受験者が増加している人気の資格です。その一方で、試験範囲が広く、「過去問のみの学習では合格は困難だ」という声も聞かれます。

　たしかに、毎年過去に出題されていない事項が新たに出題されるため、対策の仕方もわからず、途方に暮れることもあると思います。さらに、近年新たに法律が成立し、過去問が少ない範囲も出てきたため、さらに学習が困難な資格となりました。

　しかし、過去問から全く出題されていないわけではありませんし、過去に出題された箇所は、知識として重要なものばかりです。その対策を疎かにしてまで未出問題を学習することが効率的な学習であるとは、決していえません。

　そこで本書は、過去に出題された論点と、新法で今後出題が予想される論点に特化し、出題されたら落とせない分野のみに絞り込み、繰り返し学習できるように工夫しました。「出題可能性の高い分野のみを繰り返し学習できる１冊を」——これが本書のコンセプトです。持ち運びにも便利なサイズですので、通勤電車の中でも、ちょっとした待ち合わせの時間にも、学習することが可能です。

　本書の刊行にあたり、三省堂六法・法律書編集室の加賀谷雅人氏に多大なご尽力を賜りました。心よりお礼申し上げます。

著者　土家幸希

この本の使い方

この本は、左ページに必須知識のまとめ、右ページには実際に出た過去問題と予想問題を○×形式にして登載した、見開き完結型の実践テキストです。

テーマは、合格に必須の最小限に厳選！
1日10テーマなら約10日で回せる!!

2 住宅宿泊事業法（民泊新法）

必ず出る！基礎知識　目標 **6** 分で覚えよう

必須知識を2～3行の箇条書き方式で！

1 民　　泊

①住宅宿泊事業とは、住宅内で宿泊客に宿泊を提供する事業のことである。都道府県知事への届出を行うことで、旅館業法の許可を得ることなく事業を行うことができる。

②宿泊を提供する日数は、1年間で180日が上限である。

頭の整理に役立つ小項目主義！

2 住宅宿泊事業者の義務

③住宅宿泊事業者は、宿泊者の衛生の確保、宿泊者の安全の確保、外国人観光客である宿泊者の快適性および利便性の確保、宿泊者名簿の備付け等、周辺地域の生活環境への悪影響防止に関する必要な事項の説明、苦情等への対応を講じなければならない。ただし、住宅宿泊管理業者に委託をすれば、住宅宿泊事業者は義務を免れる。

④住宅宿泊事業者は、届出住宅ごとに、公衆の見やすい場所に、所定の様式の標識を掲示しなければならない。

⑤住宅宿泊事業者は、届出住宅に人を宿泊させた日数等について、定期的に都道府県知事に報告しなければならない。

暗記シートで消せる！

3 住宅宿泊管理業

⑥住宅宿泊管理業を行うためには、国土交通大臣の登録を受けなければならない。

4 住宅宿泊仲介業

⑦住宅宿泊仲介業を行うためには、観光庁長官の登録を受けなければならない。

⑧住宅宿泊事業者は、狭義の家主不在型の住宅宿泊事業については、住宅宿泊管理業務を住宅宿泊管理業者に委託しなければならない。

・4・

基礎知識の暗記なくして、法律の理解はあり得ません。左ページをサッと読んだら、すぐに右ページの○×問題に取り組んでください。この繰り返しがあなたを合格に導きます。

学習日とそのときの正答数が
4回分書き込める！

1テーマの学習時間は
左右合計10分を目標にしよう！

1編

住宅宿泊事業法（民泊新法）

学習日	月　日	月　日	月　日	月　日
正答数	／7	／7	／7	／7

過去問＋
予想問！　**目標4分で答えよう**

対応する左ページの要点番号を明示

過去問を選択肢単位に分解し、覚えやすい○×問題に！

☐☐☐　住宅宿泊事業とは、住宅内で宿泊客に宿泊を提供する事業のことであり、国土交通大臣への届出を行えば、旅館業法の許可を得ることなく事業を行うことが可能である。[予想問]
☞①答×

☐☐☐　住宅宿泊事業者は、宿泊者の安全の確保への対応を講じなければならない。ただし、住宅宿泊管理業者に委託をすれば、住宅宿泊事業者は義務を免れる。[予想問]
☞③答○

☐☐☐　届出住宅ごとに、公衆の見やすい場所に、所定の様式の標識を掲示しなければならない。[予想問]
☞④答○

☐☐☐　届出住宅に人を宿泊させた日数等について、定期的に都道府県知事に報告しなければならない。[予想問]
☞⑤答○

☐☐☐　住宅宿泊管理業を行うためには、国土交通大臣の登録を受けなければならない。[R1-24-ウ]
☞⑥答○

☐☐☐　住宅宿泊仲介業を行うためには、都道府県知事の登録を受けなければならない。[予想問]
☞⑦答×

☐☐☐　住宅宿泊事業者は、狭義の家主不在型の住宅宿泊事業については、住宅宿泊管理業務を住宅宿泊管理業者に委託しなければならない。[R1-24-エ]
☞⑧答○

ベースにした過去問の出題年度と問題番号を明示

誤りの部分は下線で明示！

はしがき
この本の使い方

第6編　建物管理の実務と賃貸借契約の管理

第7編　建物・設備の知識

第8編　賃貸業への支援業務

第1編

賃貸管理総論

1 賃貸不動産の現状と課題

①不動産ファンドの登場、不動産の証券化の進展等により、賃貸不動産管理の当事者である貸主が必ずしも実物所有者ではなく、不特定多数の投資家である場合も想定する必要が生じてきた。

②個人である借主を消費者と位置づけて、消費者保護の観点から不動産賃貸借をとらえようとする動きが活発化している。

③優良な借主に長く契約を継続してもらうというニーズが高まっており、借主の立場を重視した賃貸不動産の管理のあり方が要請されている。

④賃貸不動産は、不動産として、その周辺の環境や街並み形成等に資するものとして、広く公共の福祉にも貢献するものであるため、貸主の利益のみならず、地域社会との関係にも配慮した賃貸不動産管理を行うべきである。

⑤貸主と借主の関係においては、契約違反があってはならないことはもちろん、契約違反にはあたらなくても不適切な行為を行わないようにするべきである。

⑥管理業者には、専門家として、新たな経営管理方法の研究や提案が求められている。

⑦適切な管理を通じて不動産の価値を維持・保全する役割を担う管理業者の社会的責務に対する要請が高まってきている。

学習日	月　日	月　日	月　日	月　日
正答数	／5	／5	／5	／5

過去問＋
予想問！　**目標 4 分で答えよう**

❏❏❏　不動産ファンドの登場、不動産の証券化の進展等により、賃貸不動産管理の当事者である貸主が、必ずしも実物所有者ではなく、不特定多数の投資家である場合も想定する必要が生じてきた。[H29-37-2]

☞①答○

❏❏❏　今日、あらゆる分野において消費者保護の要請が高まっているが、個人である借主を消費者と位置づけて、消費者保護の観点から不動産賃貸借をとらえようとする動きは、<u>まだ活発化していない。</u>[H28-1-1]

☞②答×

❏❏❏　優良な借主に長く契約を継続してもらうというニーズが大きくなっており、借主の立場を重視した賃貸不動産の管理のあり方が要請されている。[H28-1-3]

☞③答○

❏❏❏　賃貸不動産は、不動産として、その周辺の環境や街並み形成等に資するものとして、広く公共の福祉にも貢献するものであるので、貸主の利益だけでなく、地域社会との関係にも配慮した賃貸不動産管理を行うべきである。[H27-1-3]

☞④答○

❏❏❏　コンプライアンスの観点から見ると、管理業者は、貸主や借主との関係において、<u>もっぱら契約に明示的に規定された事項を遵守すること</u>に務めるべきである。[H28-1-4]

☞⑤答×

必ず出る！基礎知識　目標 6 分で覚えよう

1 民　　泊

①住宅宿泊事業とは、住宅内で宿泊客に宿泊を提供する事業のことである。都道府県知事への届出を行うことで、旅館業法の許可を得ることなく事業を行うことができる。

②宿泊を提供する日数は、1年間で 180 日が上限である。

2 住宅宿泊事業者の義務

③住宅宿泊事業者は、宿泊者の衛生の確保、宿泊者の安全の確保、外国人観光客である宿泊者の快適性および利便性の確保、宿泊者名簿の備付け等、周辺地域の生活環境への悪影響防止に関する必要な事項の説明、苦情等への対応を講じなければならない。ただし、住宅宿泊管理業者に委託をすれば、住宅宿泊事業者は義務を免れる。

④住宅宿泊事業者は、届出住宅ごとに、公衆の見やすい場所に、所定の様式の標識を掲示しなければならない。

⑤住宅宿泊事業者は、届出住宅に人を宿泊させた日数等について、定期的に都道府県知事に報告しなければならない。

3 住宅宿泊管理業

⑥住宅宿泊管理業を行うためには、国土交通大臣の登録を受けなければならない。

4 住宅宿泊仲介業

⑦住宅宿泊仲介業を行うためには、観光庁長官の登録を受けなければならない。

⑧住宅宿泊事業者は、狭義の家主不在型の住宅宿泊事業については、住宅宿泊管理業務を住宅宿泊管理業者に委託しなければならない。

学習日	月　日	月　日	月　日	月　日
正答数	／7	／7	／7	／7

過去問＋予想問！ **目標 4 分で答えよう**

❑❑❑ 住宅宿泊事業とは、住宅内で宿泊客に宿泊を提供する事業のことであり、<u>国土交通大臣</u>への届出を行えば、旅館業法の許可を得ることなく事業を行うことが可能である。［予想問］　☞①答×

❑❑❑ 住宅宿泊事業者は、宿泊者の安全の確保への対応を講じなければならない。ただし、住宅宿泊管理業者に委託をすれば、住宅宿泊事業者は義務を免れる。［予想問］　☞③答○

❑❑❑ 届出住宅ごとに、公衆の見やすい場所に、所定の様式の標識を掲示しなければならない。［予想問］　☞④答○

❑❑❑ 届出住宅に人を宿泊させた日数等について、定期的に都道府県知事に報告しなければならない。［予想問］　☞⑤答○

❑❑❑ 住宅宿泊管理業を行うためには、国土交通大臣の登録を受けなければならない。［R1-24-ウ］　☞⑥答○

❑❑❑ 住宅宿泊仲介業を行うためには、<u>都道府県知事</u>の登録を受けなければならない。［予想問］　☞⑦答×

❑❑❑ 住宅宿泊事業者は、狭義の家主不在型の住宅宿泊事業については、住宅宿泊管理業務を住宅宿泊管理業者に委託しなければならない。［R1-24-エ］　☞⑧答○

1 住宅セーフティネット法の意義

①住宅確保要配慮者の入居を拒まない賃貸住宅を登録することができる。

②賃貸住宅の登録の際には、入居を拒まない住宅確保要配慮者の範囲を限定することができる。

③賃貸住宅を登録する際には、その規模・構造等について一定の基準に適合する必要がある。具体的には、住戸の床面積が 25㎡以上であり、耐震性を有していることが求められる。

④賃貸住宅の登録基準については、地方公共団体が供給促進計画を定めることによって、強化・緩和をすることができる。

⑤登録住宅の改修や入居者への経済的な支援を行うことにより、貸主は改修費用の補助を受け、借主は家賃や保証料の支援を受けることができる。

⑥住宅確保要配慮者とは、月収が 15 万 8,000 円以下の低額所得者世帯、被災者・高齢者・障害者・18 歳未満の子供がいる世帯を指す。

⑦セーフティネット住宅の借主が生活保護受給者であって、家賃滞納のおそれがある場合、保護の実施機関が住宅扶助費を貸主に代理納付することができる。

⑧居住支援法人や居住支援協議会（管理業者や NPO 法人等）などが、住宅確保要配慮者の円滑な入居のサポートを行う。

学習日	月　日	月　日	月　日	月　日
正答数	／6	／6	／6	／6

過去問＋
予想問！ 目標 **4** 分で答えよう

❑❑❑ セーフティネット住宅は、<u>あらゆる住宅確保要配慮者</u>の入居を常に拒まない賃貸住宅である [R2-5-1]

☞②答✕

❑❑❑ 住宅確保要配慮者の入居を拒まない賃貸住宅として登録を受けるためには、国土交通省令で定める登録基準に適合していなければならない。[R3-47-3]

☞③答○

❑❑❑ 賃貸住宅を登録する際には、その規模、構造等について一定の基準に適合する必要がある。住戸の床面積が <u>50㎡</u>以上であり、耐震性を有していることが求められる。[予想問]

☞③答✕

❑❑❑ セーフティネット住宅の貸主は、バリアフリー等の改修費に対し、国や地方公共団体等による経済的支援を受けることができる。[R2-5-2]

☞⑤答○

❑❑❑ セーフティネット住宅に入居する住宅確保要配慮者が支払う家賃に対し、国や地方公共団体等による経済的支援が行われる。[R2-5-3]

☞⑤答○

❑❑❑ セーフティネット住宅の借主が生活保護受給者であって家賃滞納のおそれがある場合、保護の実施機関が住宅扶助費を貸主に代理納付することができる。[R2-5-4]

☞⑦答○

第2編

賃貸住宅管理業務適正化法

1 賃貸住宅管理業法

1 賃貸住宅とは

①賃貸住宅管理業法でいう<u>賃貸住宅</u>とは、賃貸の用に供する住宅で、<u>人の居住</u>の用に供する家屋または家屋の部分をいう。

②<u>建築中</u>であっても、竣工後に賃借人を募集する予定であれば、賃貸住宅である。

③<u>未入居</u>の住宅であっても、賃借人を募集する予定であれば、賃貸住宅である。

④事業の用に供される<u>事務所</u>や倉庫等は、賃貸住宅ではない。

2 賃貸住宅管理業とは

⑤<u>賃貸住宅管理業</u>とは、賃貸住宅の<u>貸主</u>から委託を受けて、管理業務を行う事業をいう。

⑥<u>管理業務</u>とは、委託に係る賃貸住宅の<u>維持保全</u>を行う業務をいう。

⑦<u>居室</u>について維持保全を行う場合は、管理業務に該当するが、<u>賃貸住宅の部分等</u>（例エレベーターの保守点検）のみについて維持修繕を行う場合は、管理業務に該当しない。

⑧家賃・敷金・共益費その他の<u>金銭の管理</u>を行う業務については、維持保全業務と併せて行う場合は、管理業務に該当する。

⑨委託を受けて維持保全を行う場合が、管理業となる。自らが<u>所有者</u>として行う行為や、自らが<u>賃貸人</u>として行う行為は、管理業ではない。

2編

賃貸住宅管理業法

◎ 過去問+予想問！ **目標 4 分で答えよう** ◎

❏❏❏ 建築中の家屋は、竣工後に賃借人を募集する予定で、居住の用に供することが明らかな場合であっても、賃貸住宅に該当しない。[R3-29-2]　　☞②答×

❏❏❏ 未入居の住宅は、賃貸借契約の締結が予定され、賃借することを目的とする場合、賃借人の募集前であっても、賃貸住宅に該当する。[R3-29-3]　☞③答〇

❏❏❏ マンションのように通常居住の用に供される一棟の家屋の一室について賃貸借契約を締結し、事務所としてのみ賃貸されている場合、その一室は賃貸住宅に該当しない。[R3-29-4]　　☞④答〇

❏❏❏ 管理業務には、賃貸住宅の居室及びその他の部分について、点検、清掃その他の維持を行い、及び必要な修繕を行うことが含まれる。[R3-30-1]　☞⑥答〇

❏❏❏ 賃貸住宅に係る維持から修繕までを一貫して行う場合であっても、賃貸住宅の居室以外の部分のみについて行うときは、賃貸住宅の維持保全には該当しない。[R3-30-3]　　　　　　　　　　☞⑦答〇

❏❏❏ 賃貸人から委託を受けて、金銭の管理のみを行う業務については、賃貸住宅の維持及び修繕（維持・修繕業者への発注を含む。）を行わない場合には、「賃貸住宅管理業」には該当しない。[R4-33-イ]

☞⑧答〇

1 管理受託契約とは

①管理業者と契約しているのは、貸主であり、借主と管理業者との間には、契約関係がない。

②管理受託契約は、ⓐ委任(準委任)契約、ⓑ請負契約、ⓒ委任(準委任)契約と請負契約の合わさった契約のいずれかの性格を有する。

③委任契約は、書面でする必要はない。

2 委任(準委任)の原則

④委任契約の報酬については、民法上は無償が原則で、報酬を請求するためには特約を設定する必要があるのに対して、商法上は報酬の請求が可能である。管理業者は商人として扱われるので、特約がなくても請求できる。

⑤報酬の支払時期は、後払いが原則である。

⑥委任行為をするのに必要な費用は、前払請求できる。

⑦受任者には、善管注意義務がある。この義務は、委任契約が有償か無償かを問わない。

⑧契約中、受任者は、委任者から請求があれば、いつでも報告しなければならない。委任終了後は、請求がなくても、遅滞なく経過・結果を報告しなければならない。

⑨受任者は、受領した金銭その他の物を委任者に引き渡す。その際は、利息も引き渡さなければならない。

⑩委任者・受任者のいずれも、特別の理由がなくても、自由に解除することができる。ただし、相手方の不利な時期に解除したときは、解除した者は、原則として、相手方に対して損害賠償義務を負う。

学習日	月　日	月　日	月　日	月　日
正答数	／6	／6	／6	／6

過去問＋予想問！ 目標 4 分で答えよう

❑❑❑ 民法上の委任契約は、<u>書面で契約を締結することが義務付けられている</u>。[R3-4-4] ☞③答✕

❑❑❑ 委任契約においては、報酬は<u>前払い</u>が原則である。[予想問] ☞⑤答✕

❑❑❑ 委任行為をするのに必要な費用においては、原則として<u>後払い</u>が原則である。[予想問] ☞⑥答✕

❑❑❑ 委任契約は、無償であっても受託者は委託者に対して善管注意義務を負う。[H28-10-4 改] ☞⑦答○

❑❑❑ 契約中、受任者は、委任者から請求があれば、いつでも報告しなければならない。委任終了後は、請求がなくても、遅滞なく経過・結果を報告しなければならない。[予想問] ☞⑧答○

❑❑❑ 委任契約において、受任者が委任者にとって不利な時期に当該契約を解除したときには、受任者は、委任者に生じた損害を賠償しなければならない。しかし、委任者が受任者にとって不利な時期に当該契約を解除したときには、委任者は、受任者に生じた損害を賠償する<u>必要はない</u>。[予想問] ☞⑩答✕

1 賃貸住宅管理業登録

①賃貸住宅管理業を営もうとする者は、原則として、<u>国土交通大臣</u>の登録を受けなければならない。

②賃貸住宅管理業に係る賃貸住宅の戸数が <u>200</u> 戸未満であるときは、登録の必要がない。しかし、<u>任意</u>で登録することは可能である。

2 更 新

③登録は、<u>5</u> 年ごとにその<u>更新</u>を受けなければ、その期間の経過によって、その効力を失う。

④更新の申請期間は、有効期間満了の日の <u>90</u> 日前から <u>30</u> 日前までの間である。

⑤更新の申請があった場合において、<u>期間満了の日</u>までにその申請に対する処分がなされないときは、従前の登録は、登録の有効期間の<u>満了後</u>も、その処分がなされるまでの間、なおその効力を有する。

⑥登録の更新がなされたときは、その登録の有効期間は、従前の登録の有効期間の満了の日の<u>翌日</u>から起算する。

3 登 録 簿

⑦国土交通大臣は、登録の申請があったときは、登録を拒否する場合を除き、<u>賃貸住宅管理業者登録簿</u>に登録しなければならない。

⑧国土交通大臣は、賃貸住宅管理業者登録簿を<u>一般の閲覧</u>に供しなければならない。

過去問＋予想問！ 目標 **4** 分で答えよう

❏❏❏ 賃貸住宅管理業を営もうとする者は、原則として、主たる事務所を管轄する都道府県知事の登録を受けなければならない。[予想問]　☞①答×

❏❏❏ 賃貸住宅管理業を行おうとする場合においては、規模の大小にかかわらず登録を申請しなければならない。[予想問]　☞②答×

❏❏❏ 登録の有効期間は5年である。更新を受けなければ、その期間の経過により、登録の効力は失われる。[予想問]　☞③答○

❏❏❏ 登録の更新をする場合、有効期間満了の2週間前までに申請をしなければならない。[予想問]　☞④答×

❏❏❏ 更新の申請があった場合において、期間満了の日までにその申請に対する処分がされないときは、従前の登録は、登録の有効期間の満了後もその処分がされるまでの間は、なおその効力を有する。[予想問]　☞⑤答○

❏❏❏ 国土交通大臣は、登録の申請があったときは、登録を拒否する場合を除き、賃貸住宅管理業者登録簿に登録しなければならない。[予想問]　☞⑦答○

❏❏❏ 賃貸住宅管理業者登録簿は、一般の閲覧に供する必要はない。[予想問]　☞⑧答×

1 登録の欠格事由

①心身の故障により賃貸住宅管理業を的確に遂行することができない者として国土交通省令で定めるものは、登録をすることができない。

②破産手続開始の決定を受けて復権を得ない者は、登録をすることができない。

③不正手段により登録を受けたとしてその登録を取り消され、その取消しの日から5年を経過しない者は、登録をすることができない。

④禁錮以上（禁錮・懲役）の刑に処せられ、または適正化法の規定により罰金の刑に処せられ、その執行を終わり、または執行を受けることがなくなった日から起算して5年を経過しない者は、登録をすることができない。

⑤賃貸住宅管理業に関し不正または不誠実な行為をするおそれがあると認めるに足りる相当の理由がある者として国土交通省令で定めるものは、登録をすることができない。

⑥営業に関し成年者と同一の行為能力を有しない未成年者で、その法定代理人が欠格事由に該当するものは、登録をすることができない。

⑦法人の役員が上記①〜⑥に該当する場合は、登録をすることができない。

⑧賃貸住宅管理業を遂行するために必要と認められる国土交通省令で定める基準に適合する財産的基礎を有しない者は、登録をすることができない。

学習日	月 日	月 日	月 日	月 日
正答数	／7	／7	／7	／7

2編

管理受託契約(3)

過去問＋予想問！ 目標 **4** 分で答えよう

☐☐☐ 心身の故障により賃貸住宅管理業を的確に遂行することができない者として国土交通省令で定めるものに該当する場合、登録をすることはできない。[予想問] ☞①答○

☐☐☐ 破産手続開始の決定を受けて復権を得ない者は、登録をすることができない。[予想問] ☞②答○

☐☐☐ 破産手続開始の決定を受けて復権を得ない者は、賃貸住宅管理業者の役員となることはできない。[R3-32-3改] ☞②⑦答○

☐☐☐ 科料の刑に処せられ、その執行を終わった日から起算して5年を経過しない者は、登録をすることができない。[予想問] ☞④答×

☐☐☐ 懲役2年の刑に処せられ、その執行を終わった日から起算して5年を経過しない者は、登録をすることができない。[予想問] ☞④答○

☐☐☐ 営業に関し成年者と同一の行為能力を有しない未成年者でその法定代理人が欠格事由に該当するものは、登録をすることができない。[予想問] ☞⑥答○

☐☐☐ 賃貸住宅管理業を遂行するために必要と認められる財産的基礎を有しない者であっても、登録を行うことができる。[予想問] ☞⑧答×

1 変更の届出

①賃貸住宅管理業者は、登録事項（商号・名称、事務所の所在地、役員の氏名等）に変更があったときは、その日から 30 日以内に、その旨を国土交通大臣に届け出なければならない。

2 廃業等の届出

②賃貸住宅管理業者である個人が死亡したとき、登録はその効力を失う。その場合、相続人が、死亡を知った日から 30 日以内に、その旨を国土交通大臣に届け出なければならない。

③賃貸住宅管理業者である法人が合併により消滅したとき、登録はその効力を失う。その場合、消滅する法人を代表する役員であった者が、その日から 30 日以内に、その旨を国土交通大臣に届け出なければならない。

④賃貸住宅管理業者である法人が破産手続開始の決定により解散したとき、登録はその効力を失う。その場合、当該法人の破産管財人が、その日から 30 日以内に、その旨を国土交通大臣に届け出なければならない。

⑤賃貸住宅管理業者である法人が合併及び破産手続開始の決定以外の理由により解散したとき、登録はその効力を失う。その場合、当該法人の清算人が、その日から 30 日以内に、その旨を国土交通大臣に届け出なければならない。

学習日	月　日	月　日	月　日	月　日
正答数	／5	／5	／5	／5

2編

管理受託契約(4)

過去問＋予想問！ **目標 4 分で答えよう**

❏❏❏ 賃貸住宅管理業者である法人は、役員に変更があったときは、その日から3か月以内に、その旨を国土交通大臣に届け出なければならない。[R4-34-エ]

☞①答✕

❏❏❏ 賃貸住宅管理業者である個人が死亡したときは、その相続人は、死亡日から30日以内に国土交通大臣に届け出なければならない。[R3-32-1]　☞②答✕

❏❏❏ 賃貸住宅管理業者である法人が合併により消滅したときは、その法人の代表役員であった者が国土交通大臣に届け出なくても、賃貸住宅管理業の登録は効力を失う。[R3-32-2]　☞③答〇

❏❏❏ 賃貸住宅管理業者である法人が破産手続開始の決定により解散したときは、その法人を代表する役員であった者が、その日から30日以内に、その旨を国土交通大臣に届け出なければならない。[予想問]

☞④答✕

❏❏❏ 賃貸住宅管理業者である法人が合併及び破産手続開始の決定以外の理由により解散したときは、その清算人が、その日から30日以内に、その旨を国土交通大臣に届け出なければならない。[予想問]

☞⑤答〇

1 契約前の書面交付（重要事項説明）

①重要事項説明は、契約締結前に行う。説明から契約締結までに1週間程度の期間を置くことが望ましい。

②重要事項説明は、業務管理者でなくても行うことができる。

③重要事項説明は、原則として、書面を交付して行う。ただし、貸主の承諾があれば、電磁的方法により行うことも可能である。

④賃貸人が賃貸住宅管理業者・特定転貸業者・宅地建物取引業者等である場合、説明対象者ではないため、重要事項説明は不要である。説明対象者である場合は、知識や経験を有していたとしても、説明を省略できない。

⑤賃貸住宅管理業者が管理受託契約を当初の契約と異なる内容で更新する場合、改めて重要事項説明書の交付及び重要事項の説明をする必要がある。

2 説明内容

⑥管理業務の内容・実施方法、報酬とその支払時期・方法、管理業務の一部の再委託に関する事項、管理受託契約の更新・解除に関する事項については、説明が必要である。

3 IT重説

⑦賃貸住宅管理業者は、相手方の承諾がある場合、テレビ電話等を通して双方向（映像・音声ともに）でやりとりできる環境での重要事項説明が可能である。

学習日	月 日	月 日	月 日	月 日
正答数	／7	／7	／7	／7

2編

管理受託契約(5)

🔵 **過去問＋予想問！ 目標4分で答えよう** 🔵

❑❑❑ 管理受託契約重要事項説明は、管理受託契約の締結とできるだけ近接した時期に行うことが望ましい。[R3-1-1] ☞①答×

❑❑❑ 管理受託契約重要事項説明は、業務管理者が行わなければならない。[R3-1-2] ☞②答×

❑❑❑ 賃貸住宅管理業者は、賃貸人の承諾を得た場合に限り、管理受託契約重要事項説明書について書面の交付に代え、書面に記載すべき事項を電磁的記録により提供することができる。[R4-2-1] ☞③答○

❑❑❑ 賃貸住宅管理業者は、賃貸人が管理受託契約重要事項説明の対象となる場合は、その者が管理受託契約について一定の知識や経験があったとしても、書面にて十分な説明をしなければならない。[R3-1-3] ☞④答○

❑❑❑ 管理業務の内容及び実施方法については、重要事項として説明しなければならない。[R3-2- ア] ☞⑥答○

❑❑❑ 報酬並びにその支払の時期及び方法については、重要事項として説明しなければならない。[R3-2- イ] ☞⑥答○

❑❑❑ 管理受託契約の更新及び解除に関する事項については、重要事項として説明しなければならない。[R3-2- エ] ☞⑥答○

必ず出る！基礎知識　目標 6 分で覚えよう

1　管理受託契約の締結時の書面の交付

①賃貸住宅管理業者は、管理受託契約を締結したときは、管理業務を委託する賃貸住宅の賃貸人（委託者）に対し、遅滞なく、書面を交付しなければならない。ただし、賃貸人の承諾があれば、電磁的方法により行うことも可能である。

②契約締結時書面には、管理業務の対象となる賃貸住宅を記載しなければならない。

③契約締結時書面には、管理業務の実施方法を記載しなければならない。

④契約締結時書面には、契約期間に関する事項を記載しなければならない。

⑤契約締結時書面には、報酬に関する事項を記載しなければならない。

⑥契約の更新または解除に関する定めがあるときは、その内容を契約締結時書面に記載しなければならない。

2　賃貸住宅標準管理受託契約書

⑦管理受託契約の書面について、ひな形となるのが賃貸住宅標準管理受託契約書である。

⑧賃貸住宅標準管理受託契約書には、「管理業者は、修繕の費用負担についての入居者との協議に関する業務について、賃貸人を代理する」旨が記載されている。

⑨賃貸住宅標準管理受託契約書には、「管理業者は、原状回復についての入居者との協議に関する業務について、賃貸人を代理する」旨が記載されている。

学習日	月　日	月　日	月　日	月　日
正答数	／7	／7	／7	／7

2編

管理受託契約(6)

過去問＋予想問！ 目標 4 分で答えよう

❑❑❑ 管理受託契約締結時の交付書面は、電磁的方法により提供することはできない。[R4-4-4] ☞①答✕

❑❑❑ 管理業務の対象となる賃貸住宅を、契約締結時書面に記載しなければならない。[予想問] ☞②答〇

❑❑❑ 管理業務の実施方法を、契約締結時書面に記載しなければならない。[予想問] ☞③答〇

❑❑❑ 契約期間に関する事項を、契約締結時書面に記載しなければならない。[予想問] ☞④答〇

❑❑❑ 契約の更新または解除に関する定めがあるときであっても、その内容を契約締結時書面に記載する必要はない。[予想問] ☞⑥答✕

❑❑❑ 賃貸住宅標準管理受託契約書においては、修繕の費用負担についての入居者との協議に関して、賃貸住宅管理業者に代理権が授与されている事項に含まれる。[R3-5-3] ☞⑧答〇

❑❑❑ 賃貸住宅標準管理受託契約書においては、原状回復についての入居者との協議に関して、賃貸住宅管理業者に代理権が授与されている事項に含まれる。[R3-5-4] ☞⑨答〇

1 管理業務の再委託の禁止

①賃貸住宅管理業者は、委託者から委託を受けた管理業務の<u>全部</u>を他の者に<u>再委託</u>してはならない。

2 分別管理

②賃貸住宅管理業者は、管理受託契約に基づく管理業務において受領する<u>家賃・敷金・共益費</u>その他の金銭を、整然と管理する方法として国土交通省令で定める方法により、自己の固有財産及び他の管理受託契約に基づく管理業務において受領する<u>家賃・敷金・共益費</u>その他の金銭と分別して管理しなければならない。

3 証明書の携帯等

③賃貸住宅管理業者は、国土交通省令で定めるところにより、その業務に従事する使用人その他の従業者に<u>従業者証明書</u>を携帯させなければ、その者をその業務に従事させてはならない。

④賃貸住宅管理業者の使用人その他の従業者は、その業務を行うに際し、委託者その他の関係者から<u>請求があった</u>ときは、<u>従業者証明書</u>を提示しなければならない。

4 帳簿の備付け等

⑤賃貸住宅管理業者は、国土交通省令で定めるところにより、その営業所または事務所ごとに、その業務に関する<u>帳簿</u>を備え付け、委託者ごとに管理受託契約について<u>契約年月日</u>その他の国土交通省令で定める事項を記載し、これを保存しなければならない。

○ 過去問＋予想問! **目標 4 分で答えよう** ○

❑❑❑ 賃貸住宅管理業者は、再委託先が賃貸住宅管理業者であれば、管理業務の全部を複数の者に分割して再委託することができる。[R3-31-4] ☞①答×

❑❑❑ 賃貸住宅管理業者は、管理受託契約に基づく管理業務において受領する家賃、敷金、共益費その他の金銭を、自己の固有財産及び他の管理受託契約に基づく管理業務において受領する家賃、敷金、共益費その他の金銭と分別して管理しなければならない。[R3-31-2] ☞②答○

❑❑❑ 賃貸住宅管理業者は、使用人その他の従業者に、その従業者であることを証する証明書を携帯させなければならない。[R3-31-1] ☞③答○

❑❑❑ 賃貸住宅管理業者の使用人その他の従業者は、その業務を行うに際し、委託者その他の関係者から請求があったときでも、従業者証明書を提示する必要はない。[予想問] ☞④答×

❑❑❑ 賃貸住宅管理業者は、営業所又は事務所ごとに、業務に関する帳簿を備え付け、委託者ごとに管理受託契約について契約年月日等の事項を記載して保存しなければならない。[R3-31-3] ☞⑤答○

1 標識の掲示

①賃貸住宅管理業者は、その営業所または事務所ごとに、公衆の見やすい場所に、国土交通省令で定める様式の標識を掲げなければならない。

2 委託者への定期報告

②賃貸住宅管理業者は、管理業務の実施状況その他の国土交通省令で定める事項について、定期的に、委託者に報告しなければならない。

③報告は、管理受託契約を締結した日から1年を超えない期間ごとに行わなければならない。

④管理受託契約の満了後にも、遅滞なく報告をしなければならない。

⑤報告は、原則として、管理業務報告書を作成して、これを委託者に交付して説明しなければならない。

3 秘密を守る義務

⑥賃貸住宅管理業者は、正当な理由がある場合でなければ、その業務上取り扱ったことについて知り得た秘密を他に漏らしてはならない。賃貸住宅管理業を営まなくなった後においても、同様とする。

⑦賃貸住宅管理業者の代理人・使用人その他の従業者は、正当な理由がある場合でなければ、賃貸住宅管理業の業務を補助したことについて知り得た秘密を他に漏らしてはならない。賃貸住宅管理業者の代理人・使用人その他の従業者でなくなった後においても、同様とする。

学習日	月 日	月 日	月 日	月 日
正答数	／7	／7	／7	／7

2編

管理受託契約(8)

○ **過去問＋予想問！ 目標 4 分で答えよう** ○

❏❏❏ 賃貸住宅管理業者は、その営業所または事務所ごとに、公衆の見やすい場所に、国土交通省令で定める様式の標識を掲げなければならない。［予想問］ ☞①答○

❏❏❏ 賃貸住宅管理業者は、営業所又は事務所ごとに掲示しなければならない標識について公衆の見やすい場所を確保できない場合、<u>インターネットのホームページに掲示することができる</u>。［R3-32-4］ ☞①答×

❏❏❏ 委託者への報告については、管理受託契約を締結した日から<u>3か月ごとに</u>行わなければならない。［予想問］ ☞③答×

❏❏❏ 委託者への報告については、管理受託契約の満了後にも、遅滞なく行わなければならない。［予想問］ ☞④答○

❏❏❏ 委託者への定期報告の方法については、特に定めがないため、<u>口頭で行うことも可能である</u>。［予想問］ ☞⑤答×

❏❏❏ 秘密を守る義務は、管理受託契約が終了した後は<u>賃貸住宅管理業を廃業するまで存続する</u>。［R4-8-ア］ ☞⑥答×

❏❏❏ 賃貸住宅管理業者は、その業務上取り扱ったことについて知り得た秘密を、賃貸住宅管理業を営んでいる間は他に漏らしてはならないが、賃貸住宅管理業を営まなくなった後においては、<u>この限りでない</u>。［予想問］ ☞⑦答×

1 業務改善命令

①国土交通大臣は、賃貸住宅管理業の適正な運営を確保するため必要があると認めるときは、その必要の限度において、賃貸住宅管理業者に対し、業務の方法の変更その他業務の運営の改善に必要な措置をとるべきことを命ずることができる。

2 登録の取消し等

②国土交通大臣は、賃貸住宅管理業者が不正手段により登録を受けた場合や法令等に違反した場合は、その登録を取り消し、または1年以内の期間を定めてその業務の全部もしくは一部の停止を命ずることができる。

③国土交通大臣は、賃貸住宅管理業者が登録を受けてから1年以内に業務を開始せず、または引き続き1年以上業務を行っていないと認めるときは、その登録を取り消すことができる。

3 罰　　則

④賃貸住宅管理業者の重要事項説明違反・一括再委託の禁止違反・財産の分別管理違反・委託者への業務報告義務違反については、監督処分を受けることはあるが、罰則の適用はない。

学習日	月　日	月　日	月　日	月　日
正答数	／5	／5	／5	／5

◎ 過去問＋予想問！ **目標 4 分で答えよう** ◎

□□□ 国土交通大臣は、賃貸住宅管理業の適正な運営を確保するため必要があると認めるときは、その必要の限度において、賃貸住宅管理業者に対し、業務の方法の変更その他業務の運営の改善に必要な措置をとるべきことを命ずることができる。[予想問]

☞①答○

□□□ 国土交通大臣は、不正手段により登録を受けた場合や法令等に違反した場合は、その登録を取り消し、または1年以内の期間を定めてその業務の全部もしくは一部の停止を命ずることができる。[予想問]

☞②答○

□□□ 現に賃貸住宅管理業を営んでいなくても登録を行うことはできるが、登録を受けてから1年以内に業務を開始しないときは、登録の取消しの対象となる。[R4-34-ア]

☞③答○

□□□ 賃貸住宅管理業者が一括してその業務を再委託した場合、監督処分のほか、30万円以下の罰金に処せられることがある。[予想問]

☞④答×

□□□ 賃貸住宅管理業者が委託者への報告義務を怠った場合、監督処分のほか、30万円以下の罰金に処せられることがある。[予想問]

☞④答×

1 特定賃貸借契約

①マスターリース契約もサブリース契約も、自ら貸借となるため、宅建業法の適用はない。

②勧誘者も、勧誘の適正のため規制の対象となっている。

2 勧誘者

③勧誘者とは、特定転貸事業者と関連性を有し、特定賃貸借契約の締結についての勧誘を行わせる者をいう。

④勧誘者は、特定転貸事業者から委託料を受け取って勧誘の委託を受けた者に限られない。

⑤勧誘者が勧誘行為を第三者に再委託した場合、再委託を受けた第三者も、勧誘者に該当する。

⑥特定転貸事業者である親会社との間で特定賃貸借契約を結ぶよう勧める場合の子会社は、勧誘者に該当する。

2 誇大広告等の禁止

⑦「家賃保証」「空室保証」等の文言に隣接する箇所に、定期的な家賃の見直しがある場合はその旨を、及び家賃が減額される可能性がある場合はその旨を、それぞれ表示しなければならない。

3 不当な勧誘等の禁止

⑧相手方の判断に影響を及ぼす事項について故意に事実を告げず、または不実を告げることは、違法となる。

⑨借地借家法28条の規定によりオーナーからの解約には正当事由が必要であることを伝えないことは、違法となる。

学習日	月　日	月　日	月　日	月　日
正答数	／7	／7	／7	／7

● 過去問＋予想問！ 目標 **4** 分で答えよう ●

□□□ 勧誘者は、特定転貸事業者から委託料を受け取って勧誘の委託を受けた者に限られない。[R3-40-ア]
☞③④答○

□□□ 勧誘者が勧誘行為を第三者に再委託した場合、再委託を受けた第三者も勧誘者に該当する。[R3-40-イ]
☞③⑤答○

□□□ 特定転貸事業者である親会社との間で特定賃貸借契約を結ぶよう勧める場合の子会社は、勧誘者にあたらない。[R3-40-ウ]
☞③⑥答×

□□□ 借地借家法上の賃料減額請求が可能であるにもかかわらず、その旨を表示せず、「10年家賃保証」と表示した。賃貸住宅管理業法に違反する。[R3-39-エ]
☞⑦答○

□□□ 実際の周辺相場について調査していなかったが、「周辺相場より高い家賃で借り上げ」と表示した。賃貸住宅管理業法に違反する。[R3-39-ア]
☞⑧答○

□□□ 大規模修繕積立金として月々の家賃から一定額を差し引く一方、日常修繕の費用負担は賃貸人に求めない予定であったため、「修繕費負担なし」と表示した。賃貸住宅管理業法に違反する。[R3-39-イ]
☞⑧答○

□□□ 契約を解除する場合には、月額家賃の数か月を支払う必要があるにもかかわらず、その旨を記載せずに、「いつでも借り上げ契約は解除できます」と表示した。賃貸住宅管理業法に違反する。[R3-39-ウ]
☞⑧答○

必ず出る！
基礎知識 目標 **6**分で覚えよう

1 マスターリース契約の重要事項説明

①重要事項説明は、契約締結前に行う。そのため、契約書の取り交わしは、重要事項説明の実施後に行う。

②重要事項説明を行う者に特に制約はないため、業務管理者でなくても行うことができる。

③重要事項説明は、原則として書面を交付して行う。ただし、貸主の承諾があれば、電磁的方法により行うことも可能である。

④賃貸人が賃貸住宅管理業者・特定転貸業者・宅地建物取引業者等である場合、説明対象者ではないため、重要事項説明は不要である。説明対象者である場合は、知識や経験を有していたとしても、説明を省略できない。

⑤書面の内容を十分に読むべき旨を、太枠の中に太字波下線で、12ポイント以上の大きさで記載する。

2 説明内容

⑥対象となる賃貸住宅の所在地・面積、相手方に支払う家賃の額・設定根拠、賃貸住宅の維持保全の回数・頻度等については、説明が必要である。

3 IT重説

⑦特定転貸事業者は、相手方の承諾がある場合、テレビ電話等を通して双方向（映像・音声ともに）でやりとりできる環境での重要事項説明が可能である。

学習日	月 日	月 日	月 日	月 日
正答数	／7	／7	／7	／7

過去問＋予想問！ 目標 4 分で答えよう

❏❏❏ 説明の前に特定賃貸借契約重要事項説明書等を送付しておき、送付から一定期間後に説明を実施した上で速やかに契約書を取り交わしたことは適切である。[R3-38-1] ☞①③答○

❏❏❏ 相手方への説明を、賃貸不動産経営管理士の資格を有しない従業者に行わせたことは適切である。[R3-38-3] ☞②答○

❏❏❏ 特定賃貸借契約の相手方が賃貸住宅管理業者である場合、特定賃貸借契約重要事項説明は省略してもよい。[R4-39-3] ☞④答○

❏❏❏ 特定賃貸借契約の対象となる賃貸住宅の面積については、重要事項として契約の相手方に説明が必要である。[R3-37-ア] ☞⑥答○

❏❏❏ 特定賃貸借契約の相手方に支払う家賃の設定根拠については、重要事項として契約の相手方に説明が必要である。[R3-37-イ] ☞⑥答○

❏❏❏ 特定賃貸借契約の相手方に支払う敷金がある場合はその額については、重要事項として契約の相手方に説明が必要である。[R3-37-ウ] ☞⑥答○

❏❏❏ 特定転貸事業者が賃貸住宅の維持保全を行う回数や頻度については、重要事項として契約の相手方に説明が必要である。[R3-37-エ] ☞⑥答○

必ず出る！基礎知識　目標 **6**分で覚えよう

1 特定賃貸借契約の締結時の書面の交付

①特定転貸事業者は、特定賃貸借契約を締結したときは、当該特定賃貸借契約の相手方に対し、遅滞なく、下記③〜⑥に掲げる事項を記載した書面を交付しなければならない。

②従前と同一内容での契約更新(契約期間の延長のみ)の場合は、書面の交付は不要だが、従前と異なる内容での契約更新の場合は、書面の交付が必要である。

2 書面の記載事項

③契約締結時書面には、マスターリース契約の相手方に支払う家賃その他賃貸の条件に関する事項について、記載しなければならない。

④契約締結時書面には、サブリース業者が行う賃貸住宅の維持保全の実施方法について、記載しなければならない。なお、費用の分担に関する事項について、国土交通省が定める標準契約書には記載がある。

⑤契約締結時書面には、転借人の資格その他の転貸の条件に関する事項について、記載しなければならない。

⑥契約の更新または解除に関する定めがあるときは、その内容について契約締結時書面に記載しなければならない。

3 電磁的方法による提供

⑦特定転貸事業者は、相手方の承諾がある場合、書面の交付に代えて、電磁的方法で提供することができる。

2編

特定賃貸借契約 (3)

過去問＋予想問！ 目標 **4** 分で答えよう

❑❑❑ 特定賃貸借契約締結時書面は、特定賃貸借契約を締結したときに遅滞なく交付しなければならない。[R4-38-2] ☞①答○

❑❑❑ 特定転貸事業者が特定賃貸借契約を更新する際、賃貸人に支払う家賃を減額するのみでその他の条件に変更がなければ、特定賃貸借契約締結時書面の交付は<u>不要である</u>。[R3-36-2] ☞②答×

❑❑❑ 特定賃貸借契約の相手方に支払う家賃その他賃貸の条件に関する事項については、契約締結時書面に記載しなければならない。[予想問] ☞③答○

❑❑❑ 特定転貸事業者が行う賃貸住宅の維持保全の実施方法については、契約締結時書面に記載しなければならない。[予想問] ☞④答○

❑❑❑ 転借人の資格その他の転貸の条件に関する事項については、契約締結時書面に記載しなければならない。[予想問] ☞⑤答○

❑❑❑ 契約の更新または解除に関する定めがあるときは、その内容について、契約締結時書面に記載しなければならない。[予想問] ☞⑥答○

❑❑❑ 特定賃貸借契約締結時書面に記載すべき事項を電磁的方法により提供する場合、あらかじめ相手方の承諾を得なければならない。[R3-36-3] ☞⑦答○

1 特定賃貸借標準契約書

①貸主（賃貸住宅所有者）は、借主（特定転貸事業者）が管理業務を行うために<u>必要な情報</u>を提供しなければならない。

②貸主が、必要な情報を提供せず、そのために借主に<u>損害</u>が生じた場合、その費用は<u>貸主</u>が負担するものとする。

③<u>維持修繕</u>の費用については、あらかじめ貸主負担か借主負担かを決めておく。

④費用負担について、借主の責めに帰すべき事由（転借人の責めに帰すべき事由を含む）によって必要となった修繕については、③の取決めにかかわらず、<u>貸主</u>は、その費用を<u>負担しない</u>。

⑤借主は、修繕が必要な箇所を発見した場合には、その旨を速やかに<u>貸主に通知</u>し、修繕の必要性を協議するものとする。その通知が遅れて貸主に損害が生じたときは、借主はこれを<u>賠償</u>する。

⑥災害や事故等の緊急時で、時間的余裕がない場合、借主は、<u>貸主の承認</u>を受けずに業務を実施することができる。その場合、借主は、実施後速やかに、<u>書面</u>をもって、その業務内容や実施に要した<u>費用の額</u>を貸主に通知しなければならない。

⑦借主が転貸借契約を締結したときは、転借人に対し、遅滞なく、<u>維持保全の内容及び借主の連絡先</u>を、書面または電磁的方法により通知しなければならない。

学習日	月　日	月　日	月　日	月　日
正答数	／5	／5	／5	／5

● 過去問＋予想問！ 目標 **4** 分で答えよう ●

❏❏❏ 特定賃貸借標準契約書では、借主が賃貸住宅の維持保全をするに当たり、特定賃貸借契約締結時に貸主から借主に対し必要な情報の提供がなかったことにより借主に損害が生じた場合には、その損害につき貸主に負担を求めることができるとされている。
[R3-34-1] ☞①②答〇

❏❏❏ 特定賃貸借標準契約書では、賃貸住宅の修繕に係る費用については、借主又は転借人の責めに帰すべき事由によって必要となったもの以外であっても、貸主に請求できないものがあるとされている。[R3-34-3] ☞③④答〇

❏❏❏ 修繕を必要とする箇所を発見した場合、それが緊急を要する状況ではなかったときには、<u>定期報告において貸主に書面を交付して報告を行うことができる。</u>
[R3-35-3] ☞⑤答✕

❏❏❏ 自然災害が発生し緊急に修繕を行う必要が生じたため、貸主の承認を受ける時間的な余裕がなく、承認を受けずに当該業務を実施したときは、<u>貸主への報告をする必要はない。</u>[R3-35-4] ☞⑥答✕

❏❏❏ 特定賃貸借標準契約書では、借主が行う賃貸住宅の維持保全の内容及び借主の連絡先については、転借人に対し、書面又は電磁的方法による通知をしなければならないとされている。[R3-34-4] ☞⑦答〇

1 書類の閲覧

①特定転貸事業者は、<u>業務状況調書等</u>（国土交通省令で定めるところにより当該特定転貸事業者の<u>業務及び財産の状況</u>を記載した書類）を、特定賃貸借契約に関する業務を行う営業所または事務所に備え置き、特定賃貸借契約の<u>相手方</u>または相手方となろうとする者の求めに応じ、<u>閲覧</u>させなければならない。

2 指　　示

②国土交通大臣は、特定転貸事業者が<u>誇大広告の禁止</u>や<u>不当な勧誘等の禁止</u>等に違反した場合において、特定賃貸借契約の適正化を図るため必要があると認めるときは、その特定転貸事業者に対し、当該違反の是正のための措置その他の必要な措置をとるべきことを<u>指示</u>することができる。

③国土交通大臣は、勧誘者が<u>誇大広告の禁止</u>や<u>不当な勧誘等の禁止</u>等に違反した場合において、特定賃貸借契約の適正化を図るため必要があると認めるときは、その勧誘者に対し、当該違反の是正のための措置その他の必要な措置をとるべきことを<u>指示</u>することができる。

④国土交通大臣は、当該違反の是正のための措置その他の必要な措置をとるべきことを<u>指示</u>したときは、その旨を<u>公表</u>しなければならない。

過去問＋予想問！ 目標 **4** 分で答えよう

❏❏❏ 特定賃貸借契約の勧誘者は、業務状況調書等の書類を作成・保存し、その勧誘によって特定賃貸借契約を結んだ賃貸人からの求めがあれば、これらを閲覧させなければならない。［R4-37-1］　☞①答×

❏❏❏ 特定転貸事業者は、業務状況調書等の書類を、事業年度ごとに、その事業年度経過後3か月以内に作成し、主たる事務所にまとめて備え置かなければならない。［R4-37-3］　☞①答×

❏❏❏ 特定転貸事業者は、特定賃貸借契約の相手方及び入居者（転借人）からの求めがあれば、営業所又は事務所の営業時間中、業務状況調書等の書類を閲覧させなければならない。［R4-37-4］　☞①答×

❏❏❏ 国土交通大臣は、特定転貸事業者が誇大広告の禁止や不当な勧誘等の禁止等に違反した場合において、特定賃貸借契約の適正化を図るため必要があると認めるときは、その特定転貸事業者に対し、当該違反の是正のための措置その他の必要な措置をとるべきことを指示することができる。［予想問］　☞②答○

❏❏❏ 国土交通大臣は、特定転貸事業者が誇大広告等の禁止に違反した場合、違反の是正のための措置をとるべきことを指示できることがある。［R3-41-3］
　☞③答○

16 特定賃貸借契約⑥

1 特定賃貸借契約に関する業務の停止等

①国土交通大臣は、ⓐ特定転貸事業者または勧誘者が誇大広告の禁止や不当な勧誘等の禁止等に違反した場合において特定賃貸借契約の適正化を図るため特に必要があると認めるとき、または、ⓑ特定転貸事業者が指示に従わないときは、その特定転貸事業者に対し、1年以内の期間を定めて、特定賃貸借契約の締結について、特定転貸事業者または勧誘者による勧誘を停止し、または、特定賃貸借契約に関する業務の全部または一部を停止すべきことを命ずることができる。

②国土交通大臣は、ⓐ勧誘者が誇大広告の禁止や不当な勧誘等の禁止に違反した場合において特定賃貸借契約の適正化を図るため特に必要があると認めるとき、または、ⓑ勧誘者が国土交通大臣による指示に従わないときは、その勧誘者に対し、1年以内の期間を定めて、特定賃貸借契約の締結についての勧誘を停止すべきことを命ずることができる。

③国土交通大臣は、業務等の停止を命令したときは、その旨を公表しなければならない。

学習日	月 日	月 日	月 日	月 日
正答数	／4	／4	／4	／4

2編

特定賃貸借契約 (6)

○ 過去問＋予想問! **目標 4 分で答えよう** ○

❑❑❑ 国土交通大臣は、特定転貸事業者が国土交通大臣の指示に従わない場合でも、特定賃貸借契約に関する業務の全部の停止を命じることはできない。[R3-41-1]　　　　☞①答✕

❑❑❑ 勧誘者が不当な勧誘等の禁止に違反した場合、特定転貸事業者が監督処分を受けることがある。[R3-41-2]　　　　☞①答○

❑❑❑ 国土交通大臣は、勧誘者が誇大広告の禁止や不当な勧誘等の禁止等に違反した場合において特定賃貸借契約の適正化を図るため特に必要があると認めるとき、または勧誘者が国土交通大臣による指示に従わないときは、その勧誘者に対し、6か月以内の期間を限り、特定賃貸借契約の締結について勧誘を行うことを停止すべきことを命ずることができる。[予想問]　　　　☞②答✕

❑❑❑ 国土交通大臣は、特定転貸事業者に対し業務停止の命令をしたときは、その旨を公表しなければならない。[R3-41-4]　　　　☞③答○

1 国土交通大臣に対する申出

①何人も、特定賃貸借契約の適正化を図るため必要があると認めるときは、国土交通大臣に対し、その旨を申し出て、適当な措置をとるべきことを求めることができる。

②国土交通大臣は、申出があったときは、必要な調査を行い、その申出の内容が事実であると認めるときは、この法律に基づく措置その他適当な措置をとらなければならない。

2 報告徴収及び立入検査

③国土交通大臣は、特定賃貸借契約の適正化を図るため必要があると認めるときは、特定転貸事業者等に対し、その業務に関し報告を求め、またはその職員に、特定転貸事業者等の営業所・事務所その他の施設に立ち入り、その業務の状況もしくは設備、帳簿書類その他の物件を検査させ、もしくは関係者に質問させることができる。

④立入検査をする職員は、その身分を示す証明書を携帯し、関係者に提示しなければならない。

⑤立入検査の権限は、犯罪捜査のために認められたものと解してはならない。

学習日	月 日	月 日	月 日	月 日
正答数	／5	／5	／5	／5

● 過去問＋予想問！ 目標 **4** 分で答えよう ●

❑❑❑ 何人も、特定賃貸借契約の適正化を図るため必要があると認めるときは、国土交通大臣に対し、その旨を申し出て、適当な措置をとるべきことを求めることができる。［予想問］　　　　　　　☞①答○

❑❑❑ 国土交通大臣は、申出があったときは、必要な調査を行い、その申出の内容が事実であると認めるときは、この法律に基づく措置その他適当な措置をとらなければならない。［予想問］　　　　　　☞②答○

❑❑❑ 国土交通大臣は、特定賃貸借契約の適正化を図るため必要があると認めるときは、特定転貸事業者等に対し、その業務に関し報告を求め、またはその職員に、特定転貸事業者等の営業所、事務所その他の施設に立ち入り、その業務の状況もしくは設備、帳簿書類その他の物件を検査させ、もしくは関係者に質問させることができる。［予想問］　　　　　☞③答○

❑❑❑ 立入検査をする職員は、その身分を示す証明書を携帯しなければならないが、関係者の求めがある場合でも、これを提示する必要はない。［予想問］

☞④答×

❑❑❑ 立入検査の権限は、犯罪捜査のために行使することもできる。［予想問］　　　　　　　　　　☞⑤答×

1 適用の除外

①賃貸住宅管理業法の規定は、国及び地方公共団体には、適用しない。

2 権限の委任

②賃貸住宅管理業法に規定する国土交通大臣の権限は、国土交通省令で定めるところにより、その一部を地方整備局長または北海道開発局長に委任することができる。

3 経過措置

③賃貸住宅管理業法に基づき命令を制定し、または改廃する場合においては、その命令で、その制定または改廃に伴い合理的に必要と判断される範囲内において、所要の経過措置(罰則に関するものを含む)を定めることができる。

4 罰　　則

④特定転貸事業者が不当な勧誘等の禁止や不実告知等の禁止に違反した場合は、6か月以下の懲役もしくは50万円以下の罰金またはこれを併科する。

⑤特定転貸事業者が重要事項説明書面の交付義務や契約締結時書面の交付義務に違反した場合は、50万円以下の罰金とする。

⑥特定転貸事業者が誇大広告等の禁止に違反した場合は、30万円以下の罰金とする。

学習日	月 日	月 日	月 日	月 日
正答数	/7	/7	/7	/7

● 過去問＋予想問！ **目標 4 分で答えよう** ●

❏❏❏ 賃貸住宅管理業法の規定は、国及び地方公共団体においても適用される。[予想問] ☞①答×

❏❏❏ 賃貸住宅管理業法に規定する国土交通大臣の権限は、国土交通省令で定めるところにより、その一部を地方整備局長または北海道開発局長に委任することができる。[予想問] ☞②答○

❏❏❏ 賃貸住宅管理業法に基づき命令を制定し、または改廃する場合においては、その命令で、その制定または改廃に伴い合理的に必要と判断される範囲内において、所要の経過措置（罰則に関する経過措置を含む）を定めることができる。[予想問] ☞③答○

❏❏❏ 特定転貸事業者が不当な勧誘等の禁止や不実告知等に違反した場合であっても、罰則の適用はない。[予想問] ☞④答×

❏❏❏ 特定転貸事業者が重要事項説明書面の交付や契約締結時の書面交付に違反した場合であっても、罰則の適用はない。[予想問] ☞⑤答×

❏❏❏ 特定転貸事業者が特定賃貸借契約締結時書面の交付を怠った場合、50万円以下の罰金に処される場合がある。[R3-36-4] ☞⑤答○

❏❏❏ 特定転貸事業者が誇大広告等の禁止に違反した場合であっても、罰則の適用はない。[予想問] ☞⑥答×

第3編

賃貸不動産経営管理士と周辺法令

1 設置義務

①賃貸住宅管理業者は、営業所または事務所ごとに、業務管理者を1名以上配置しなければならない。

②業務管理者が欠けた場合、新たに業務管理者を選任するまでの間、当該営業所または事務所において新たに管理受託契約を締結することができない。

2 管理及び監督に関する事務

③賃貸住宅管理業者は、管理受託契約における重要事項説明書面の交付及び作成に関し、業務管理者に管理及び監督に関する事務を行わせなければならない。

④賃貸住宅管理業者は、維持保全の実施に関し、業務管理者に管理及び監督に関する事務を行わせなければならない。

⑤賃貸住宅管理業者は、家賃・敷金・共益費その他の金銭の管理に関し、業務管理者に管理及び監督に関する事務を行わせなければならない。

⑥賃貸住宅管理業者は、帳簿の備付けに関し、業務管理者に管理及び監督に関する事務を行わせなければならない。

⑦賃貸住宅管理業者は、賃貸人への定期報告に関し、業務管理者に管理及び監督に関する事務を行わせなければならない。

⑧賃貸住宅管理業者は、その業務上取り扱ったことについて知り得た秘密の保持に関し、業務管理者に管理及び監督に関する事務を行わせなければならない。

過去問＋予想問！ 目標 **4** 分で答えよう

❏❏❏ 賃貸住宅管理業者は、営業所または事務所ごとに、従業員5人に1人の割合で、業務管理者を設置しなければならない。[予想問] ☞①答×

❏❏❏ 賃貸住宅管理業者は、その営業所又は事務所の業務管理者として選任した者のすべてが欠けるに至ったときは、新たに業務管理者を選任するまでの間は、その営業所又は事務所において賃貸住宅管理業を行ってはならない。[R4-30-エ] ☞②答×

❏❏❏ 賃貸不動産経営管理士は業務管理者として、管理受託契約重要事項説明書の交付、維持保全の実施、家賃、敷金、共益費その他の金銭の管理、帳簿の備付け、貸主に対する定期報告、入居者からの苦情の処理に関する事項等を自ら実施する役割を担っている。[R3-43-1] ☞③④⑤⑥⑦答×

❏❏❏ 賃貸住宅管理業者は、帳簿の備付けに関し、業務管理者に管理及び監督に関する事務を行わせなければならない。[予想問] ☞⑥答○

❏❏❏ 賃貸住宅管理業者は、その業務上取り扱ったことについて知り得た秘密の保持に関し、業務管理者に管理及び監督に関する事務を行わせなければならない。[R4-30-ウ] ☞⑧答○

2 倫理憲章と コンプライアンス

1　賃貸不動産経営管理士 [倫理憲章]

①賃貸不動産経営管理士の社会的地位の向上、社会的信用の確立と品位保持、資質の向上を図るため、<u>賃貸不動産経営管理士倫理憲章</u>が制定されている。

2　倫理憲章の内容

②賃貸不動産経営管理士は、公正な業務を通して、<u>公共の福祉</u>に貢献しなければならない。

③賃貸不動産経営管理士は、信義に従い誠実に職務を執行することを旨とし、依頼者等に対し重要な事項について<u>故意</u>に告げず、または<u>不実</u>のことを告げる行為を決して行ってはならない。

④賃貸不動産経営管理士は、常に<u>公正</u>で<u>中立</u>な立場で職務を行い、万一紛争等が生じた場合は、誠意をもって、その<u>円満解決</u>に努力しなければならない。

⑤賃貸不動産経営管理士は、あらゆる機会を活用し、賃貸不動産管理業務に関する<u>広範</u>で<u>高度</u>な知識の習得に努め、不断の研鑽により常に<u>能力・資質</u>の向上を図り、管理業務の専門家として高い専門性を発揮するよう努力しなければならない。

⑥賃貸不動産経営管理士は、自らの<u>能力</u>や<u>知識</u>を超える業務を引き受けてはならない。

⑦賃貸不動産経営管理士は、<u>正当な理由なく</u>、職務上知り得た<u>秘密</u>を他に漏らしてはならない。その職務に携わらなくなった後も、同様である。

学習日	月　日	月　日	月　日	月　日
正答数	／5	／5	／5	／5

過去問＋
予想問！　**目標 4 分で答えよう**

3編

倫理憲章とコンプライアンス

□□□　公共的使命とは、賃貸不動産経営管理士の持つ公共的使命を常に自覚し、公正な業務を通して、公共の福祉に貢献することである。[H29-38-エ]　☞②答○

□□□　賃貸不動産経営管理士は、常に依頼者の立場で職務を行い、万一紛争等が生じた場合には、誠意をもって、その円満解決に努力しなければならない。[H30-38-ウ]　☞④答×

□□□　賃貸不動産経営管理士は、あらゆる機会を活用し、賃貸不動産管理業務に関する広範で高度な知識の習得に努め、不断の研鑽により常に能力・資質の向上を図り、管理業務の専門家として高い専門性を発揮するよう努力しなければならない。[予想問]　☞⑤答○

□□□　賃貸不動産経営管理士は、関係する法令やルールを遵守することはもとより、賃貸住宅管理業に対する社会的信用を傷つけるような行為や社会通念上好ましくない行為をしてはならないが、情報化社会の進展を背景として、自らの能力や知識を超える業務を引き受けることも認められる。[R4-46-2]　☞⑥答×

□□□　秘密を守る義務とは、職務上知り得た秘密を正当な理由なく他に漏らしてはならないことであり、賃貸不動産経営管理士の職務に携わっている間、守らなければならない。[H30-38-ア]　☞⑦答×

❶ 宅建業について

①宅地建物取引業を営むためには、<u>免許</u>を受けなければならない。

❷ 契約・広告の開始時期

②宅地建物取引業者は、建築に関する工事完了前においては、その工事に関して必要とされる<u>開発許可・建築確認</u>等があった後でなければ、その売買の広告や媒介契約をしてはならない。

❸ 広告の規制

③宅地建物取引業者は、広告をするときには、その都度、<u>取引態様</u>を明示しなければならない。数回に分けて広告を行う場合にも、その都度明示する必要があり、省略することはできない。なお、取引態様の明示義務は、注文を受けたときにも同様に発生する。

④<u>誇大広告</u>は禁止されている。<u>物件</u>(所在・規模・形質)・<u>環境</u>(現在または将来の環境・利用の制限・交通)・<u>代金</u>(代金の額や融資のあっせん)等について、著しく事実に相違する表示や実際より著しく優良・有利と誤解されるような表示をしてはならない。誇大広告をした時点で<u>監督処分</u>及び<u>罰則</u>の対象となる。

⑤<u>おとり広告</u>は禁止されている。存在しない物件、存在するが取引するつもりのない物件、存在するが取引対象となりえない物件を広告に掲載してはならない。

学習日	月　日	月　日	月　日	月　日
正答数	／6	／6	／6	／6

過去問＋予想問! 目標 4 分で答えよう

❑❑❑ 賃貸住宅管理業の登録を受ければ、宅地建物取引業の免許がなくても、宅地建物取引業を行うことができる。[予想問]　　　　　☞①答×

❑❑❑ 宅地建物取引業者は、建築に関する工事完了前においては、その工事に関して必要とされる開発許可・建築確認等があった後でなければ、その売買の広告や媒介契約をしてはならない。[予想問]　　☞②答○

❑❑❑ 宅地建物取引業者は、広告をするときには、その都度、取引態様を明示しなければならない。数回に分けて広告を行う場合には、最初に明示すれば、後の広告においては取引態様の記載を省略することができる。[予想問]　　　　　☞③答×

❑❑❑ 宅地建物取引業者は、宅地の売買に関する広告をするに当たり、当該宅地の形質について、実際のものよりも著しく優良であると人を誤認させる表示をした場合、当該宅地に関する注文がなく、売買が成立しなかったときであっても、監督処分及び罰則の対象となる。[予想問]　　　　　☞④答○

❑❑❑ 成約済みの物件を速やかに広告から削除せずに当該物件のインターネット広告等を掲載することは、おとり広告に該当する。[R3-44-1]　　☞⑤答○

❑❑❑ 実際には取引する意思のない実在する物件を広告することは、物件の内容が事実に基づくものである限り、おとり広告に該当しない。[R3-44-2]　☞⑤答×

1 重要事項説明

①宅地建物取引業者は、契約前に、買主や借主に対し、宅地建物取引士をして、重要事項について書面を交付して説明させなければならない。また、重要事項説明の書面には、宅地建物取引士の記名がなければならない。

②重要事項説明書面は、相手方の承諾があれば、電磁的方法による提供もできる。

2 IT 重説

③テレビ電話等を用いて重要事項説明をすることができる。

④IT 重説を行うための要件は、ⓐ双方向でやりとりできる環境で行うこと、ⓑ重要事項説明書と添付書類をあらかじめ送付しておくこと、ⓒ映像及び音声の状況について取引士が重要事項説明前に確認しておくこと、ⓓ相手方が宅地建物取引士が提示した宅地建物取引士証を視認できたことを確認していることの4つである。

3 重要事項説明書の記載事項

⑤飲用水・電気・ガス等の供給施設、排水施設の整備状況については、重要事項説明書に記載しなければならない。

⑥建物が耐震診断を受けたものであるときは、その内容を重要事項説明書に記載しなければならない。ただし、昭和 56 年 6 月 1 日以降に新築工事に着手したものは除く。

⑦物件の引渡時期・移転登記の申請時期などは、重要事項説明書の記載事項ではない。

過去問＋予想問！ 目標 **4** 分で答えよう

3編

宅建業法(2)

□□□ 売主と買主の間の宅地の売買について宅地建物取引業者Aが媒介をした。売主と買主どちらからも、早く契約したいとの意思表示があったため、重要事項説明の前に契約を締結し、その後遅滞なく重要事項説明を行った。Aは、宅地建物取引業法に違反しない。[予想問] ☞①答×

□□□ 宅地建物取引業者は、中古マンションの売買の媒介を行う場合において、テレビ会議等のITを活用して、重要事項の説明を行うことができる。[予想問] ☞③答○

□□□ 貸借の媒介において、テレビ会議等のITを利用して重要事項説明を行う場合、重要事項説明が終了したら速やかに、その書面を重要事項説明の相手方に送付しなければならない。[予想問] ☞④答×

□□□ 宅地建物取引業者Aは、自ら売主となり、土地付建物の売買契約を締結したが、買主Bが当該建物の隣に住んでいるので、都市ガスが供給されることを知っているとして、Bに対し、ガスの供給に関して宅地建物取引業法第35条の重要事項の説明を行わなかった。Aは、宅地建物取引業法に違反しない。[予想問] ☞⑤答×

1 37条書面

①宅地建物取引業者は、契約成立後遅滞なく、契約の両当
事者に対して、契約内容を記した書面(37条書面)を交付
しなければならない。この書面には、宅地建物取引士が
記名しなければならない。

②37条書面は、両当事者の承諾があれば、電磁的方法によ
る提供もできる。

2 守秘義務

③宅地建物取引業者とその従業員は、業務上知った秘密を、
現役中も引退後も、正当な理由なく他に漏らしてはなら
ない。

3 業務上の規制

④重要な事実の不告知・不実告知は、禁止されている。

⑤不当に高額な報酬を要求する行為は、禁止されている。

⑥手付の貸与による契約締結の誘引は、禁止されている。

⑦断定的判断の提供は、禁止されている。断定的判断とは、
利益を生ずることが確実だと誤解されうる表現である。

4 監督・罰則

⑧免許権者である都道府県知事や国土交通大臣は、宅地建
物取引業者に対して監督処分をしようとする場合、あら
かじめ聴聞を行わなければならない。

⑨宅地建物取引業者に対する監督処分には、指示処分・業
務停止処分・免許取消処分がある。

⑩宅地建物取引士に対する監督処分には、指示処分・事務
禁止処分・登録消除処分がある。

学習日	月 日	月 日	月 日	月 日
正答数	／4	／4	／4	／4

過去問＋予想問！ **目標 4 分で答えよう**

3編

宅建業法(3)

❑❑❑ 宅地建物取引業者の従業者である宅地建物取引士は、正当な理由がある場合またはその従業者でなくなった場合を除き、宅地建物取引業の業務を補助したことについて知り得た秘密を他に漏らしてはならない。
［予想問］　　　　　　　　　　　　　☞③答×

❑❑❑ 宅地建物取引業者Ａが、自ら売主として、宅地建物取引業者ではないＢに対して、中古の土地付建物の売買契約を締結しようとしている。Ａは、相手方の要求があった場合は、契約の締結を誘引するためＢの手付金について貸与することができる。［予想問］
　　　　　　　　　　　　　　　　　☞⑥答×

❑❑❑ 宅地建物取引業者が建物の販売に際して、利益を生ずることが確実であると誤解させる断定的判断を提供する行為をしたが、実際に売買契約の成立には至らなかった。その場合でも、宅地建物取引業法に違反する。［予想問］　　　　　　　　　☞⑦答○

❑❑❑ 都道府県知事は、宅地建物取引業者Ａに対し、業務停止処分をしようとするときは、聴聞を行わなければならないが、指示処分をするときは、聴聞を行う必要はない。［予想問］　　　　　　　☞⑧⑨答×

第 4 編

借主の募集

1 入居者募集の事前準備

1 物件案内

①賃借希望者に対して部屋を案内する際は、<u>メモ用紙やペン・メジャー・スリッパ</u>等を用意しておくことが望ましい。また、入居後の生活をイメージさせるため、<u>家具等</u>を用意することも望ましい。

②借主の多くは、<u>不動産業者</u>経由または<u>インターネット</u>経由で物件情報の収集を行っている。そのため、<u>インターネット</u>は募集媒体として重要視するべきである。

③前の借主が設置した設備を<u>附帯設備</u>として新しい借主に貸す場合でも、借主は当該設備を使用できる前提で契約を行う。そのため、当該設備に故障がある場合は、その<u>修理費</u>を負担しなければならない。したがって、<u>貸主</u>は、事前にその状態を確認する必要がある。

2 広　　告

④管理業を行う宅地建物取引業者が、<u>公正取引協議会</u>の構成団体に所属する場合には、景品表示法に基づく不動産の表示に関する<u>公正競争規約</u>に従わなければならない。

⑤宅地建物取引業者は、宅建業法に規定されている<u>広告</u>の規制を守らなければならない。

⑥サブリース業者は、<u>自ら貸借</u>のため、宅建業法の適用はないが、適正化法に定められている<u>広告</u>の規制を守らなければならない。

学習日	月 日	月 日	月 日	月 日
正答数	／5	／5	／5	／5

過去問＋予想問！ **目標 4 分で答えよう**

4編 入居者募集の事前準備

❏❏❏ 部屋を案内する際、図面、メモ用紙やペン、メジャー、スリッパ等を用意しておくのは、良いアイデアだが、家具までを用意するのは適切ではない。[H28-12-1]
☞①答×

❏❏❏ 借主の多くは、不動産業者経由又はインターネット経由で物件情報の収集を行っているから、インターネットは募集媒体として重要視するべきである。[H28-12-2]
☞②答○

❏❏❏ 前の借主が設置した設備を附帯設備として新しい借主に貸す場合、貸主は、当該設備が故障してもその修理費を負担しなくてよいから、事前にその状態を確認する必要はない。[H28-12-3]
☞③答×

❏❏❏ 管理業者たる宅地建物取引業者が、不当景品類及び不当表示防止法に基づく公正取引協議会の構成団体に所属する場合であって、当該団体に届け出たときは、同法に基づく不動産の表示に関する公正競争規約に従うことなく、募集広告を作成することができる。[H28-11-4]
☞④答×

❏❏❏ サブリース業者は、宅建業法の適用があるため、宅建業法に規定されている広告の規制を守れば、適正化法に規定されている広告の規制を守る必要はない。[予想問]
☞⑥答×

1 確認事項

①入居審査においては、申込みを行っている者が入居申込書面の申込者と同一であるかどうかを確認しなければならない。

②入居審査においては、借主である本人、または借主が法人である場合は法人の関係者が、反社会的勢力でないかどうかの確認が重要である。

③入居審査においては、借受希望者の職業・年齢・家族構成・年収等が申込物件に合った妥当なものかについて、確認をしなければならない。

④申込者が外国人の場合であっても、身元確認には住民票を利用する。外国人にも住民票が発行されるからである。

⑤入居審査は、簡単に契約解除ができないことから慎重さが求められるのと同時に、審査が遅いと借主が他の物件に決めてしまうため迅速さも求められている。

2 入居者の決定

⑥管理受託方式において、入居の最終決定権者は、貸主である。

⑦サブリース方式において、入居の最終決定権者は、管理業者である。

⑧借受希望者に対する入居可否の通知は、書面で行う。

⑨借受希望者に対し、入居を断る場合には、個人情報保護の観点から、入居申込書等の書類を返却する。

学習日	月　日	月　日	月　日	月　日
正答数	／7	／7	／7	／7

過去問＋予想問！ 目標 **4** 分で答えよう

4編
入居審査

❏❏❏ 申込みを行っている者が入居申込書面の申込者と同一であるかどうかを確認しなければならない。[H30-11-1]　☞①答○

❏❏❏ 借主である本人、又は借主が法人である場合は法人の関係者が、反社会的勢力でないかどうかの確認が重要である。[H27-12-2]　☞②答○

❏❏❏ 借受希望者の職業・年齢・家族構成・年収が申込物件に妥当かどうか検討することは、差別的な審査であるため、することができない。[H30-11-3]☞③答×

❏❏❏ 申込者が外国人の場合、住民票が発行されないので身元確認書類としてパスポート等を利用する。[H27-12-3]　☞④答×

❏❏❏ 管理受託方式では、借受希望者が当該物件に入居するのがふさわしいかどうかや、入居条件が妥当かどうかを管理業者が最終的に判断する。[H29-11-1]　☞⑥答×

❏❏❏ サブリース方式では、特定転貸事業者は借受希望者との交渉を任されている立場に過ぎず、最終的に入居者を決定する立場にはない。[R4-47-3]　☞⑦答×

❏❏❏ 入居審査のため借受希望者から提出された身元確認書類は、入居を断る場合には、本人に返却する必要がある。[R4-47-4]　☞⑨答○

3 媒介報酬

1 報酬額の制限

①宅地建物取引業者が代理・媒介して取引を成立させた場合の報酬は、国土交通大臣の定める額を超えてはならない。

②居住用建物における貸借の媒介の場合、宅地建物取引業者が受領できる報酬は、借賃の1か月分が上限である。貸主・借主の双方から半分ずつ（借賃の0.5か月分）と決められている。ただし、依頼を受ける際に依頼者が承諾していれば、割合は問わない。

③居住用建物以外の貸借の場合、宅地建物取引業者が受領できる報酬は、借賃の1か月分が上限である。貸主・借主のどちらから受領するかについて、割合は問わない。

④居住用建物以外の貸借の場合、権利金等の授受があるときは、それを売買代金とみなして計算し、算出した額を報酬額として受け取ることができる。

⑤居住用建物の貸借の場合、権利金等の授受があっても、それを売買代金とみなして計算することはできない。

2 広告費等

⑥宅地建物取引業者は依頼者に対し、契約に要した広告代金等を別途請求することは、原則としてできない。ただし、依頼者からの依頼に基づいて行った特別の広告に関しては、報酬とは別に請求することができる。

学習日	月 日	月 日	月 日	月 日
正答数	／5	／5	／5	／5

過去問＋予想問！ 目標 4 分で答えよう

4編 媒介報酬

❏❏❏ 居住用建物の賃貸借の媒介報酬は、借主と貸主のそれぞれから賃料 0.5 か月分とこれに対する消費税を受け取ることができるのが原則だが、借主及び貸主双方の承諾がある場合には、それぞれから報酬として賃料の 1 か月分と消費税を受け取ることができる。
[R2-17-1] ☞②答×

❏❏❏ 貸借（居住用建物の貸借の媒介を除く）の場合、宅地建物取引業者が受領できる報酬は、借賃の 1 か月分が上限である。貸主・借主のどちらから受領するかについて、割合は問わない。[予想問] ☞③答○

❏❏❏ 居住用建物以外の貸借の場合、権利金等の授受があるときは、それを売買代金とみなして計算し、算出した額を報酬額として受け取ることができる。[予想問] ☞④答○

❏❏❏ 居住用建物の貸借の場合、権利金等の授受があったときは、それを売買代金とみなして計算し、その額を報酬額として受領することができる。[予想問] ☞⑤答×

❏❏❏ 報酬とは別に受領することのできる広告料とは、依頼者からの依頼に基づき、報酬の範囲内で賄うことが相当でない多額の費用を要する特別の広告の料金である。[R2-17-3 改] ☞⑥答○

第5編

賃貸借契約

1 契約成立

①賃貸借契約は、諸成契約である。申込と承諾の意思表示の合致により成立する。目的物の授受は必要としない。

②賃貸借契約において、書面の作成は、原則として不要である。口頭でも有効に成立する。

③契約当事者は、第三者に対して、契約内容を説明しなければならないことがある。契約書の作成は義務ではないが、契約書を作成することは重要である。

④契約締結に向けて交渉が進んでいても、両当事者が合意していない以上、契約は成立しない。したがって、契約に基づく権利・義務も発生しない。

2 民法と借地借家法

⑤明らかな一時使用目的の建物賃貸借の場合（例選挙事務所に利用する）、借地借家法は適用されず、民法が適用される。

⑥民法上の賃貸借の存続期間は、最長50年だが、借地借家法上の賃貸借の存続期間には、上限がない。

⑦民法上の賃貸借では、賃借権の登記が対抗要件となるが、借地借家法上の賃貸借では、引渡しが対抗要件となる。

学習日	月 日	月 日	月 日	月 日
正答数	／8	／8	／8	／8

過去問＋予想問！ 目標 **4** 分で答えよう

❏❏❏ 諸成契約とは、契約の成立に目的物の授受を要する契約であり、賃貸借契約がこれにあたる。[R2-13-3]
☞①答✕

❏❏❏ 賃貸借契約が成立するためには、貸主、借主が署名する賃貸借契約書の作成が必要である。[H27-13-2 改]
☞②答✕

❏❏❏ 一時使用目的の建物の賃貸借契約の締結は、書面によらなくても効力が生じる。[H28-18-2]　☞②答○

❏❏❏ 契約当事者は、第三者に対して、契約内容を説明しなければならないことがあり、その場合、契約書は重要である。[R2-13-4]　☞③答○

❏❏❏ 建物所有者と借受希望者による賃貸借契約の締結に向けた交渉が進み、交渉の相手方に契約が成立するであろうという強い信頼が生まれる段階に達した場合には、その信頼は法的保護に値することから、賃貸借契約が成立する。[H27-13-3]　☞④答✕

❏❏❏ 一時使用のために建物の賃貸借をしたことが明らかな場合には、借地借家法の適用はない。[H27-14-2]
☞⑤答○

❏❏❏ 一時使用目的で建物賃貸借をする場合、期間を60年と定めても、50年に短縮される。[予想問]☞⑥答○

❏❏❏ 一時使用目的でない建物賃貸借の期間を60年と定めても、50年に短縮される。[予想問]　☞⑥答✕

1 更新に関する特約設定

①「更新について合意が成立しない場合は賃貸借契約が期間満了と同時に当然終了する」旨の特約は、無効である。

②賃貸借契約の締結と同時に設定される「期間満了時に賃貸借が解約される」旨の特約は、無効である。

③賃貸借の期間内に建物が競売により売却され、その所有権が他の者に帰属した場合に賃貸借契約が終了する旨の特約は、無効である。

2 中途解約に関する特約設定

④期間の定めがある賃貸借の場合、中途解約は、原則としてできない。

⑤解除権留保の特約（中途解約を認める）を設定することは、可能である。

⑥期間の定めのない賃貸借の場合、当事者は、いつでも解約の申入れをすることができる。

3 公営住宅に関する特別ルール

⑦公営住宅の使用関係については、公営住宅法及びこれに基づく条例が適用される。ただし、法及び条例に特別の定めがない限り、原則として一般法である民法・借地借家法の適用がある。

⑧入居者が死亡した場合、その相続人が公営住宅を使用する権利を当然に承継するわけではない。

学習日	月 日	月 日	月 日	月 日
正答数	／6	／6	／6	／6

過去問＋予想問！ 目標 **4** 分で答えよう

❏❏❏ 賃貸借の更新について合意が成立しない場合は賃貸借契約が期間満了と同時に当然に終了する旨の特約は、<u>有効</u>である。[H30-15-イ]　☞①答✕

❏❏❏ 賃貸借契約の締結と同時に設定される「期間満了時に賃貸借が解約される」旨の特約は無効である。[H28-13-1]　☞②答○

❏❏❏ 賃貸借の期間内に建物が競売により売却され、その所有権が他の者に帰属した場合に賃貸借契約が終了する旨の特約は、無効である。[H30-15-ア]　☞③答○

❏❏❏ 期間の定めのある賃貸借で中途解約を認める特約がない場合、貸主から中途解約を申し出ることはできないが、借主から中途解約を申し出ることは<u>できる</u>。[予想問]　☞④答✕

❏❏❏ 借主からする中途解約を認める特約は、定期建物賃貸借契約でも普通建物賃貸借契約でも有効である。[R1-13-エ]　☞⑤答○

❏❏❏ 貸主が地方公共団体の場合で、賃貸住宅が公営住宅であるときに、借主が死亡しても、その相続人は当然に使用権を相続によって承継することにはならない。[R3-24-3]　☞⑧答○

3 賃貸借契約(3)

1 法定更新

①貸主が、期間満了の1年前から6か月前までの間に、借主に対して更新しない旨の通知をしなかった場合、従前の契約と同一の条件で更新されたものとみなされる。

②貸主が、期間満了の1年前から6か月前までの間に、借主に対して、正当事由をもって更新をしない旨の通知をしていた場合、賃貸借契約は、期間満了により終了する。ただし、通知をしていても期間満了後に借主が使用を継続する場合に、貸主が遅滞なく異議を述べなかったときは、従前の契約と同一の条件で契約を更新したものとみなされる。

③建物賃貸借契約が法定更新されると、期間の定めのない賃貸借契約となる。そのため、法定更新以降、当事者間で別途契約期間の定めをしない限り、契約の更新は生じなくなる。

2 合意更新

④賃貸借契約を合意更新する場合、当事者間に特別の約束がない限り、契約終了前6か月時点での通知等の特別の手続は不要であり、契約期間満了までの間に当事者間で協議し、合意すればよい。

⑤合意更新された場合、従前の賃貸借契約が継続する。ただし、賃貸条件については、合意により、それまでと別の条件で約定することもできる。

学習日	月 日	月 日	月 日	月 日
正答数	／4	／4	／4	／4

過去問＋予想問！ 目標 **4** 分で答えよう

❑❑❑ 期間の定めのある建物賃貸借契約において、期間満了4か月前に更新拒絶の通知をした場合、当該契約は法定更新される。[H30-24-1]　　☞①答〇

❑❑❑ 賃貸借契約の借主が、期間満了後に建物の使用を継続する場合において、貸主が遅滞なく異議を述べなかったとしても、貸主が期間満了の1年前から6ヵ月前までの間に借主に対して更新をしない旨の通知をしていた場合には、更新拒絶に正当事由が認められる限り、賃貸借契約は<u>期間満了により終了する</u>。
[H29-20-2]　　☞②答✕

❑❑❑ 期間の定めのある建物賃貸借契約が法定更新された場合、更新前の契約と更新後の契約は、<u>契約期間も含め別個独立の同一性のない契約である</u>。[H30-24-2]
　　☞③答✕

❑❑❑ 賃貸借契約を合意更新する場合、当事者間に特別の約束がない限り、契約終了前6ヵ月時点での通知等の特別の手続は不要であり、契約期間満了までの間に当事者間で協議し、契約条件を定めて合意すればよい。[H27-19-1]　　☞④答〇

4 賃貸借契約(4)

1 契約終了

①貸主が死亡した場合、賃貸借契約・使用貸借契約のいずれも終了しない。

②借主が死亡した場合、賃貸借契約は終了しないが、使用貸借契約は終了する。賃貸借の場合、相続人がいないときでも、特別縁故者がいればその者に承継されるので、当然には終了しない。

2 使用貸借

③使用貸借契約の対象建物が売却された場合、賃貸借契約と異なり、借主は、当該建物の買主に対して使用貸借契約を対抗することができない。

④使用貸借契約の終了に当たっては、賃貸借契約の終了時に必要とされることがある貸主の正当事由は、必要とされない。

⑤使用貸借契約において、通常の必要費は、借主が負担する。

⑥使用貸借契約において、貸主は、契約不適合責任を負わない。ただし、負担付使用貸借の場合、貸主は、その負担の限度で、売主と同様の責任を負う。

3 終身建物賃貸借契約

⑦終身建物賃貸借契約は、公正証書等の書面または電磁的記録で行うことが必要である。当該賃貸借契約は、借主が死亡したときに終了する。

⚫ 過去問＋予想問! 目標 **4** 分で答えよう ⚫

❑❑❑ 貸主が死亡した場合、使用貸借契約は終了するが、賃貸借契約は終了しない。[H28-17-1] ☞①答✕

❑❑❑ Aを貸主、Bを借主とする建物賃貸借契約において、Bが死亡し、相続人がいない場合、賃借権は当然に消滅する。[R3-24-4] ☞②答✕

❑❑❑ 使用貸借契約の対象建物が売却された場合、賃貸借契約と異なり、借主は当該建物の買主に対して使用貸借契約を対抗することができない。[H28-17-3] ☞③答○

❑❑❑ 使用貸借契約の終了に当たっては、賃貸借契約の終了時に必要とされることがある正当事由は必要とされない。[H28-17-2] ☞④答○

❑❑❑ 使用貸借契約において、通常の必要費は、貸主が負担する。[予想問] ☞⑤答✕

❑❑❑ 使用貸借契約において、貸主は、契約不適合責任を負わない。ただし、負担付使用貸借の場合、貸主は、その負担の限度で売主と同様の責任を負う。[予想問] ☞⑥答○

❑❑❑ 終身建物賃貸借契約は、公正証書等の書面又は電磁的記録で行うことが必要であり、賃貸借契約は借主が死亡したときに終了する。[H27-14-4 改] ☞⑦答○

必ず出る！
基礎知識　目標 **6** 分で覚えよう

1 更新料と更新手数料

①貸主が借主に更新料を請求するには、借主が口頭で更新料の支払を了解しただけでは足りず、賃貸借契約書に更新料条項が記載されていることが必要である。

②賃貸借契約書に一義的かつ具体的に記載された更新料条項は、更新料の額が賃料の額、賃貸借契約が更新される期間等に照らし高額に過ぎるなどの特段の事情がない限り、有効である。

③借主が管理業者に対し、更新事務の手数料として金銭を支払う特約は、有効である。

2 借地借家法適用外の土地賃貸借

④借地借家法の適用がない土地の賃貸借（例建物所有目的でない賃貸借）について、貸主が更新を拒絶する場合、正当事由は不要である。

⑤借地借家法の適用がない土地の賃貸借（例建物所有目的でない賃貸借）であって、期間の定めのないものは、特約のない限り、貸主による解約申入れから1年の経過により終了する。

学習日	月 日	月 日	月 日	月 日
正答数	／5	／5	／5	／5

過去問＋予想問！ 目標 **4** 分で答えよう

□□□ 賃貸借契約書に更新料条項がなくても、借主（消費者）が口頭で更新料の支払を了解した場合には、更新料の額が高額に過ぎる等の特段の事情のない限り、当該合意は消費者契約法第10条に違反するものではないから、貸主は更新料を請求することができる。
[H27-19-2] ☞①答×

□□□ 賃貸借契約書に一義的かつ具体的に記載された更新料条項は、更新料の額が賃料の額、賃貸借契約が更新される期間等に照らし高額に過ぎるなどの特段の事情がない限り、有効である。[H29-20-1] ☞②答〇

□□□ 更新料特約以外に更新手数料特約を定めることは、有効である。[H30-24-3] ☞③答〇

□□□ 建物が存しない駐車場として使用する目的の土地の賃貸借契約において貸主が更新を拒絶するためには、正当事由は不要である。[H29-20-4] ☞④答〇

□□□ 建物が存しない駐車場として使用する目的の土地の賃貸借契約であって期間の定めのないものは、特約のない限り、貸主による解約申入れから1年の経過により終了する。[H29-13-2] ☞⑤答〇

6 賃貸借契約⑹

必ず出る！基礎知識　目標6分で覚えよう

1 造作買取請求

①造作とは、借主が貸主の同意を得て賃貸建物に設置した設備等であって、当該建物と分離可能なものをいう。たとえば、設置したエアコンや給湯器設備などがこれに当たる。

②借主が貸主の同意を得て賃貸建物に設置した造作について、建物明渡し時に買取請求権を行使することができない旨の特約は、有効である。

③造作買取請求権は、形成権である。したがって、借主が意思表示をし、それが貸主に到達することにより成立する。貸主の承諾は必要ない。

④造作買取請求権に基づいて、建物に留置権を主張することはできない。

2 有 益 費

⑤有益費とは、借主が目的物の価値を増加させるための費用である。有益費の対象となるのは建物の構成部分となり、物理的に分離不可能なものである。たとえば、汲取式トイレを水洗トイレに買えた場合の費用は、有益費に当たる。

⑥借主が有益費を支出した場合、貸主は、賃貸借終了時に、目的物の価格の増加が現存している場合に限り、支出された費用または増加額のいずれかを貸主が選択して、借主に償還しなければならない。

学習日	月　日	月　日	月　日	月　日
正答数	／6	／6	／6	／6

過去問＋予想問！ 目標 **4** 分で答えよう

❑❑❑ 借主が貸主の同意を得て賃貸建物に設置した造作について、建物明渡し時に買取請求権を行使することができない旨の特約は、有効である。[H30-15-ウ]

☞②**答**〇

❑❑❑ 借主が賃貸物件に給湯設備を設置し、賃貸借契約終了時に貸主に対して買い取るよう請求した場合には、貸主が承諾したときに売買契約が成立する。[H27-17-2]

☞③**答**×

❑❑❑ 借主が賃貸物件に空調設備を設置し、賃貸借契約終了時に造作買取請求権を行使した場合、貸主が造作の代金を支払わないときであっても、借主は賃貸物件の明渡しを拒むことができない。[R3-25-エ]

☞④**答**〇

❑❑❑ 有益費の対象となるのは、エアコンなど当該建物と分離可能なものである。[予想問] ☞①⑤**答**×

❑❑❑ 借主が賃貸物件の汲取式トイレを水洗化し、その後賃貸借契約が終了した場合、借主は有益費償還請求権として、水洗化に要した費用と水洗化による賃貸物件の価値増加額のいずれか一方を選択して、貸主に請求することができる。[R3-25-ウ] ☞⑤⑥**答**×

❑❑❑ 借主が有益費を支出した場合、借主はその費用を直ちに請求することができる。[予想問] ☞⑥**答**×

1 使用収益させる義務

①貸主は、目的物を使用に適する状態で引き渡す義務を負う。さらに、引渡し後に借主の使用に支障が生じない状態を積極的に維持することも含まれる。

②貸主は、賃貸不動産の使用と密接な関係にある共用部分についても、これを管理し、借主に使用させる義務を負う。

2 修繕義務

③破損が不可抗力により生じた場合にも、貸主は修繕義務を負う。その費用も、貸主が負担する。

④修繕が不可能な場合、貸主に修繕義務は生じない。物理的に不可能な場合のみならず、経済的に不可能な場合も同様である。

⑤目的物に破損等が生じても、それが借主の使用収益を妨げるものでない場合、貸主は修繕義務を負わない。

⑥借主の責めに帰すべき事由により修繕が必要となった場合、貸主は修繕義務を負わない。

⑦賃貸建物が全部滅失した場合、当該滅失に関する借主の帰責事由の有無にかかわらず、貸主は修繕義務を負わない。

⑧貸主が必要な修繕等を行う場合、借主はこれを拒むことができない。

学習日	月　日	月　日	月　日	月　日
正答数	／7	／7	／7	／7

過去問＋予想問！　目標 **4** 分で答えよう

□□□　貸主の修繕義務は、<u>賃貸借契約締結後に生じた破損</u>
<u>に限られる</u>から、借主が入居する以前から賃貸不動
産に雨漏りが発生していた場合には、貸主は借主に
対して修繕義務を<u>負わない</u>。[H28-20-3]　　☞①答✕

□□□　貸主の修繕義務は、賃貸物件である貸室についての
<u>み生じ</u>、共用部分については<u>生じない</u>。[H27-17-4]
　　☞②答✕

□□□　区分所有建物における貸主の修繕義務は、賃借した
専有部分の使用に必要な共用部分があるときは、共
用部分についても対象となる。[H28-20-4]　☞②答〇

□□□　震災等の不可抗力による賃貸住宅の損傷の修繕費用
は借主が負担すべきものではない。[R3-7-3]
　　☞③答〇

□□□　震災等の不可抗力により賃貸住宅の設備の一部が損
傷した場合、貸主はその修繕を<u>拒むことができる</u>。
[R3-7-4]　　☞③答✕

□□□　賃貸建物が全部滅失した場合、当該滅失についての
借主の帰責事由の有無にかかわらず、貸主は修繕義
務を負わない。[H30-16-2]　　☞⑦答〇

□□□　賃貸物件につき雨漏りが生じ、貸主が修繕する場合、
借主はこれを拒めない。[R2-23-2]　　☞⑧答〇

8 貸主の義務(2)

1 修繕費用の負担

①修繕費用は、賃料に含まれていると考えられるので、貸主が負うべきである。

②借主が修繕の費用を負担する旨の特約は、有効である。

2 賃借人による修繕

③賃貸物の修繕が必要な場合、借主が貸主にその旨を通知し、または貸主がその旨を知ったにもかかわらず、貸主が修繕をしないときは、借主は、自らその修繕をすることができる。

④賃貸物の修繕が必要な場合、急迫の事情があるときは、借主は、自らその修繕をすることができる。

3 修繕義務違反

⑤貸主が修繕義務の履行を怠ったため、借主が賃貸建物を全く使用することができなかった場合、借主は、その期間の賃料の支払を免れる。

4 必要費

⑥借主は、賃貸不動産について貸主の負担に属する必要費を支出したときは、貸主に対し、直ちにその償還を請求することができる。

⑦借主が請求しても貸主が必要費を払わない場合、借主は、留置権に基づき、賃貸不動産の明渡しを拒むことができる。ただし、その場合、明渡しまでの賃料相当損害金を負担する必要がある。

⑧賃貸物件に係る必要費償還請求権を排除する旨の特約は、有効である。

学習日	月　日	月　日	月　日	月　日
正答数	／6	／6	／6	／6

過去問＋
予想問！　目標 **4** 分で答えよう

❏❏❏　修繕費用は貸主が負うべきものであるため、借主が
費用を負担する旨の特約は<u>無効</u>である。[予想問]
☞②答×

❏❏❏　貸主が修繕義務の履行を怠り、借主が賃貸建物を全
く使用することができなかった場合には、借主はそ
の期間の賃料の支払を免れる。[H29-17-4]　☞⑤答○

❏❏❏　借主は、賃貸建物について雨漏りの修繕費用を支出
したときは、貸主に対し、<u>賃貸借契約終了時に賃貸
建物の価格の増加が現存する場合に限り、支出した
費用又は増加額の償還</u>を請求することができる。
[H29-17-1]　☞⑥答×

❏❏❏　借主は、賃貸不動産について貸主の負担に属する必
要費を支出したときは、貸主に対し、直ちにその償
還を請求することができる。[H28-20-1]　☞⑥答○

❏❏❏　借主が賃貸物件の雨漏りを修繕する費用を負担し、
貸主に請求したにもかかわらず、貸主が支払わない
場合、借主は賃貸借契約終了後も貸主が支払をする
まで建物の明渡しを拒むことができ、明渡しまでの
賃料相当損害金を<u>負担する必要もない</u>。[R3-25-イ]
☞⑦答×

❏❏❏　賃貸物件に係る必要費償還請求権を排除する旨の特
約は有効である。[R3-25-ア]　☞⑧答○

9 借主の義務(1)

1 借主の義務

①借主は、賃料支払義務を負う。

②借主は、賃借物に対して、善良なる管理者の注意義務（善管注意義務）を負う。

2 転貸の場合の義務

③転貸した場合の転借人による保管義務違反については、借主が、貸主に対して責任を負う。

3 滅失・損傷

④賃貸建物が一部滅失した場合、当該滅失について借主に帰責事由がない限り、借主は、使用収益が妨げられている割合に応じて、賃料の減額を請求することができる。

⑤借主が失火により賃貸不動産を損傷した場合、借主は、重大な過失がなくても、保管義務違反（債務不履行）に基づき、貸主に対して損害賠償責任を負う。

⑥賃貸不動産が転借人の過失により損傷した場合、借主は、転貸について貸主の承諾を得ていたとしても、貸主に対し、債務不履行に基づく損害賠償責任を負う。

学習日	月 日	月 日	月 日	月 日
正答数	／5	／5	／5	／5

過去問＋予想問！ 目標 **4** 分で答えよう

- ❏❏❏ 借主は、賃借物に対して、善良なる管理者の注意義務を負う。[予想問] ☞②图○

- ❏❏❏ 転貸した場合の転借人による保管義務違反については、借主が、貸主に対して責任を負う。[予想問] ☞③图○

- ❏❏❏ 賃貸建物が一部滅失した場合、当該滅失について借主に帰責事由がない限り、借主は使用収益が妨げられている割合に応じて、賃料の減額を請求することができる。[H30-16-3] ☞④图○

- ❏❏❏ 借主は、失火により賃貸不動産を損傷したとしても、失火につき重過失がない限り、貸主に対し、債務不履行に基づく損害賠償責任を負わない。[H28-19-3] ☞⑤图×

- ❏❏❏ 賃貸不動産が転借人の過失により損傷した場合、借主は、転貸について貸主の承諾を得ていたとしても、貸主に対し、債務不履行に基づく損害賠償責任を負う。[H28-19-2] ☞⑥图○

1 ペットの飼育

①貸主側でペット飼育規則を定め、賃貸借契約の書面上で飼育に関する遵守事項を規定して、借主に遵守させることが重要である。

②賃貸借契約において、ペットの飼育について何らの定めがない場合でも、通常許容される範囲を超え、契約当事者間の信頼関係を破壊する程度に至ったと認められるようなペットの飼育があったときは、貸主からの賃貸借契約の解除が認められる。

2 修繕通知

③賃貸物件につき修繕を要すべき事故が生じ、貸主がこれを知らない場合、借主は、遅滞なくその旨を貸主に通知しなければならない。

④貸主が賃貸物件の保存に必要な行為をしようとする場合、借主はこれを拒むことはできず、物件を一時明け渡さなければならない。

⑤借主が貸主による賃貸不動産の修繕に伴う保守点検のための立入りに応じず、これにより賃貸借契約の目的を達することができない場合、貸主は賃貸借契約を解除することができる。

学習日	月 日	月 日	月 日	月 日
正答数	／5	／5	／5	／5

過去問＋予想問！ 目標 **4** 分で答えよう

□□□ ペット飼育の禁止が賃貸借契約で定められていない場合でも、通常許容される範囲を超えたペットの飼育があった場合には、賃貸借契約の解除が認められる。[H28-19-4]　　☞②答○

□□□ 賃貸借契約において、ペットの飼育について何らの定めがない場合でも、契約当事者間の信頼関係を破壊する程度に至ったと認められるようなペットの飼育があったときは、貸主からの賃貸借契約の解除が認められる。[H29-18-1]　　☞②答○

□□□ 賃貸不動産につき修繕を要するときは、借主は、遅滞なくその旨を貸主に通知しなければならない。[H28-19-1]　　☞③答○

□□□ 貸主が賃貸物件の保存を目的とした修繕を行うために借主に一時的な明渡しを求めた場合、借主に協力義務はないため、借主はこれを拒むことができる。[H27-18-4]　　☞④答×

□□□ 借主が貸主による賃貸不動産の修繕に伴う保守点検のための立ち入りに応じず、これにより賃貸借契約の目的を達することができない場合には、貸主は賃貸借契約を解除することができる。[H28-20-2]　　☞⑤答○

1 賃料支払い

①賃料は、後払いが原則である。たとえば、令和6年1月分の賃料は、令和6年1月31日に支払う。ただし、契約書に賃料支払日を記載することにより、特約で前払いとすることも可能である。

②貸主が賃料の受領を拒絶している場合でも、借主は、賃料の支払いを提供しなければ、債務不履行責任を免れることはできない。

③借主は、賃料の支払いを提供すれば、債務不履行責任を免れる。ただし、賃料債務そのものが消滅するわけではない。賃料債務を消滅させるには、供託をする必要がある。

④賃貸借契約書に遅延損害金の規定がない場合であっても、借主が賃料の支払いを遅延したときは、貸主は借主に対して、年3％（3年ごとに見直される）の遅延損害金を請求することができる。

⑤振込みにより賃料を支払う場合、振込手数料は、借主が負担するのが原則である。ただし、特約で貸主負担とすることもできる。

⑥建物賃貸借の賃料は、貸主が権利行使できることを知った時から5年で時効により消滅する。貸主が権利行使できることを知らないという事態は事実上考えられないため、原則として、支払日の到来から5年で時効消滅すると考えてよい。

過去問＋
予想問！ 目標 **4** 分で答えよう

❏❏❏ 賃貸借契約書に賃料の支払日について記載がない場合、平成30年11月分の賃料の支払日は平成30年<u>10月31日</u>である。[H30-18-2]　　　☞①答✕

❏❏❏ AはBに対して賃料の値上げを求めており、Bがこれに応じない場合に、BはAの親戚から、Aは値上げ後の賃料でなければ以後受領しないかもしれないと考えているようであることを聞いた。この場合、Bは賃料の支払をせずとも、債務不履行責任を免れることが<u>できる</u>。[H27-16-2]　　☞②答✕

❏❏❏ AはBに対して賃料の値上げを求めており、Bがこれに応じない場合に、Bが賃貸借契約で定められた賃料を支払ったところ、Aが受領を拒絶した場合、Bの賃料支払義務は<u>消滅する</u>。[H27-16-1]　☞③答✕

❏❏❏ 賃貸借契約書に遅延損害金の規定がない場合であっても、借主が賃料の支払を遅延したとき、貸主は借主に対して年3％の遅延損害金を請求することができる。[H30-18-4改]　　　　　　☞④答○

❏❏❏ 振込みにより賃料を支払う場合の振込み手数料を貸主負担とする旨の特約は、<u>無効</u>である。[H30-15-エ]
　　　　　　　　　　　　　　　　　　☞⑤答✕

❏❏❏ 貸主が支払期限を知っている通常の場合、賃料債権は、5年の消滅時効に服する。[R4-20-1]　☞⑥答○

必ず出る！
基礎知識　**目標6分で覚えよう**

1 供　託

①供託により債務が消滅するのは、ⓐ債権者が受領を拒絶している場合、ⓑ債権者が受領不可能な場合、ⓒ弁済者に過失なく債権者がわからない場合である。

②債権者である貸主は、いつでも供託金を受領することができる。その際、供託者である借主の承諾は不要である。

2 相続と賃料

③貸主が死亡し、相続人が複数いる場合、賃料債権は相続財産とは別個の財産であって、相続開始から遺産分割が成立するまでの間、各共同相続人は、その相続分に応じて取得する。したがって、各共同相続人は、その相続分に応じて賃料を請求することができる。

④借主に相続が開始し、共同相続人が賃借権を共同相続した場合、共同相続人が負う賃料債務は、不可分債務とされている。したがって、貸主は、各共同相続人に対して、相続分に応じて分割された賃料ではなく、賃料全額を請求することができる。

3 転貸借と賃料

⑤借主が、貸主の承諾を得て転貸した場合、貸主は、借主だけでなく、転借人にも賃料を請求できる。ただし、請求できるのは、賃借料と転借料のうち安いほうの金額までである。

学習日	月　日	月　日	月　日	月　日
正答数	／6	／6	／6	／6

○　過去問＋　目標 **4** 分で答えよう　○
　　予想問！

□□□　Aが死亡し、CがAの相続人と称してBに対して賃
　　　　料を請求した場合、Bは、Cが相続人であるかどう
　　　　か明らかでないことを理由に賃料を供託することが
　　　　できる。[H27-16-4]　　　　　　　　　☞①瞥〇

□□□　AB間で賃料に関する紛争が生じており、Bが賃料
　　　　を供託した場合において、Aは、Bの承諾を得たと
　　　　きに限り、供託された賃料相当額を受領することが
　　　　できる。[H27-16-3]　　　　　　　　　☞②瞥×

□□□　貸主が死亡し、その共同相続人が賃貸住宅を相続し
　　　　た場合、遺産分割までの賃料債権は、金銭債権とし
　　　　て、相続財産となる。[R4-20-3]　　　　☞③瞥×

□□□　貸主が死亡し、相続人が複数いる場合、遺産分割が
　　　　成立するまでの間、借主は賃料の支払を拒むことが
　　　　できる。[H30-13- ア]　　　　　　　　☞③瞥×

□□□　借主が死亡し、相続人が複数いる場合、遺産分割が
　　　　成立するまでの間、貸主は各共同相続人に対して賃
　　　　料全額の支払を請求することができる。[H30-13- ウ]
　　　　　　　　　　　　　　　　　　　　☞④瞥〇

□□□　所有者が転貸借を承諾しており、賃貸借契約の月額
　　　　賃料が 10 万円、転貸借契約における月額賃料が 12
　　　　万円の場合、所有者が転借人（入居者）に対して支
　　　　払を請求したときは、転借人（入居者）は 12 万円
　　　　の支払義務を負う。[R1-20-2]　　　　　☞⑤瞥×

1 敷　　金

①敷金契約は、賃貸借契約とは<u>別個</u>の契約である。したがって、敷金契約のみを<u>合意解除</u>することも可能である。

②敷金は、<u>賃貸借契約締結後</u>に預け入れることもできる。

③敷金による賃料債務の相殺は、<u>貸主</u>から主張することは可能だが、<u>借主</u>から主張することはできない。

④敷金によって担保されるのは、賃貸借契約から生じる借主の<u>一切の債務</u>であるとされている。したがって、敷金は、不払いの賃料のみならず、<u>原状回復費用や損害賠償債務</u>にも充当される。

⑤マスターリース契約とサブリース契約は別個の契約であるため、転借人に対する敷金返還債務は、<u>転貸人</u>である<u>サブリース業者</u>が負い、貸主は負わない。

⑥敷金の返還請求権と借主の賃貸物件の明渡債務は、<u>同時履行の関係には立たず</u>、<u>明渡債務のほうが先に履行される</u>必要がある。したがって、借主は、「敷金が返還されるまで建物を明け渡さない」と主張することはできない。

⑦敷金返還請求権は、賃貸借契約が終了し、借主が<u>建物を明け渡した</u>時に発生する。したがって、建物を明け渡すまでは返還する敷金の額が決まらないので、借主からの敷金返還請求はできない。

学習日	月 日	月 日	月 日	月 日
正答数	／6	／6	／6	／6

過去問＋
予想問！　目標 **4** 分で答えよう

□□□　敷金契約は、賃貸借契約に付随する契約であるから、敷金契約のみを合意解除することはできない。[H28-21-1]
☞①答×

□□□　敷金は、賃貸借契約上の債務を担保するための金銭であるから、貸主との合意があっても賃貸借契約の締結後に預け入れることができない。[R3-20-2]
☞②答×

□□□　賃貸借契約書に借主からの敷金の相殺について禁止する条項がない場合、借主は契約期間中、敷金返還請求権と賃料債務を相殺することができる。[H30-17-1]
☞③答×

□□□　賃貸借契約書に敷金によって担保される債務の範囲について何らの定めもない場合、敷金によって担保される借主の債務は賃料債務に限定され、貸主は原状回復費用に敷金を充当することはできない。[H30-17-4]
☞④答×

□□□　転借人が転貸借契約の終了により賃貸物件を明け渡した場合、原賃貸人と管理業者は、転借人に対して、連帯して敷金返還債務を負う。[H30-9-2]　☞⑤答×

□□□　賃貸借契約書に敷金の返還時期について何らの定めもない場合、借主は敷金の返還を受けるまでの間、建物の明渡しを拒むことができる。[H30-17-2]
☞⑥答×

必ず出る！
基礎知識 目標 **6**分で覚えよう

1 敷金返還請求権の差押え

①借主の債権者が、賃貸借契約期間中に敷金返還請求権を差し押さえた場合、借主が建物を明け渡した時に賃料の未払いがあれば、貸主は敷金から未払賃料額を控除した後の残額の敷金を差押債権者に支払えば足りるとされている。

2 敷金の承継

②貸主が変わった場合(例オーナーチェンジ)には、原則として、敷金は新賃貸人に承継される。

③借主が変わった場合(例賃借権の譲渡)には、原則として、敷金は新賃借人に承継されない。

3 敷引特約

④敷引きは、借主の故意過失による損傷の有無を問わず、賃貸物件の明渡し時に、預けておいた敷金から一定額を控除する旨の合意のことである。

⑤貸主が敷引特約を契約条件の1つとして定め、借主も明確に認識しており、額が賃料等に比べて明らかに高額とはいえない場合には、敷引特約は有効としている。

4 礼　　金

⑥礼金は、賃貸借契約が成立したことを前提に、借主から貸主への謝礼として交付されるものである。したがって、賃貸借契約終了後にも、貸主に返還義務はない。

学習日	月 日	月 日	月 日	月 日
正答数	/5	/5	/5	/5

過去問+予想問！ 目標 **4** 分で答えよう

❑❑❑ 借主の債権者が、賃貸借契約の継続中に敷金返還請求権を差し押えた場合、借主が建物を明け渡したときに賃料の未払がある場合には、貸主は敷金から未払賃料額を控除した後の残額の敷金を差押債権者に支払えば足りる。[H28-21-4] ☞①答〇

❑❑❑ 貸主が建物を借主に引き渡した後、第三者に当該建物を売却し、所有権移転登記を完了した場合、特段の事情がない限り、敷金に関する権利義務は当然に当該第三者に承継される。[R3-20-3] ☞②答〇

❑❑❑ Aは、自己所有の甲建物（居住用）をBに賃貸し、引渡しも終わり、敷金20万円を受領した。BがAの承諾を得て賃借権をDに移転する場合、賃借権の移転合意だけでは、敷金返還請求権（敷金が存在する限度に限る。）はBからDに承継されない。[予想問] ☞③答〇

❑❑❑ 貸主が敷引特約を契約条件の1つとして定め、借主も明確に認識しており、額が賃料等に比べて明らかに高額とはいえない場合であっても、敷引特約は無効としている。[予想問] ☞⑤答×

❑❑❑ 礼金は、賃貸借契約が成立したことを前提に、借主から貸主への謝礼として交付されるものであるが、賃貸借契約終了後に貸主に返還しなければならない。[予想問] ☞⑥答×

15 特殊な建物賃貸借

1 定期建物賃貸借

①定期建物賃貸借は、期間の満了により終了する契約である。そのため、当事者が合意しても、契約は更新されない。ただし、再契約をすることはできる。

②定期建物賃貸借契約の締結は、書面または電磁的記録によって行わなければ、効力が生じない。

③書面によらずに定期建物賃貸借契約を締結した場合、当該契約は、普通建物賃貸借契約としての効力を有する。

④定期建物賃貸借契約の締結にあたり、貸主は、あらかじめ、賃貸建物の借主に対し、更新がなく、期間の満了により建物賃貸借契約が終了することについて、その旨を記載した書面を交付したうえで、口頭で説明しなければならない。その書面は、契約書とは別の書面でなければならない。

⑤上記④の書面は、賃借人の承諾を得て電磁的方法により提供することもできる。

⑥定期建物賃貸借契約の存続期間は、当事者が合意した期間であり、1年未満とすることもできる。

⑦定期建物賃貸借契約は、確定した期限を定めなければならない。そのため、「借主が死亡するまで」などの不確定な期限で契約を結んだとしても、無効となる。

⑧定期建物賃貸借契約において、借主の中途解約が認められるのは、床面積200㎡未満の居住用建物で、やむを得ない事情がある場合に限られる。

学習日	月　日	月　日	月　日	月　日
正答数	／6	／6	／6	／6

過去問＋
予想問！ **目標 4 分で答えよう**

❏❏❏ 定期建物賃貸借契約の契約期間が満了する前に、貸主と借主が合意すれば、契約を更新することができる。[H27-14-1]　　　　　　　　　　☞①答×

❏❏❏ 定期建物賃貸借契約の締結は、書面又は電磁的記録によって行わなければ効力が生じない。[H28-18-1 改]　　　　　　　　　　　　　　　　　☞②答○

❏❏❏ 書面によらずに定期建物賃貸借契約を締結した場合、普通建物賃貸借契約としての効力を有する。[H30-20-1]　　　　　　　　　　　　　　　☞③答○

❏❏❏ 定期建物賃貸借契約の事前説明は、「更新がなく、期間の満了により契約が終了する」旨を口頭で説明すれば足り、別途、書面を交付する必要はない。[H30-12- ア]　　　　　　　　　　　　　☞④答×

❏❏❏ 貸主が死亡したときに賃貸借契約が終了する旨の特約は、有効である。[R4-24- ア]　　　　　☞⑦答×

❏❏❏ 定期建物賃貸借契約に関して、床面積 300㎡未満の居住用建物については、借主が転勤、療養、親族の介護等やむを得ない事情により、建物を生活の本拠として使用することが困難となった場合には、中途解約特約がなくとも、借主は中途解約を申入れることができる。[R2-19-4]　　　　　　　☞⑧答×

16 賃貸借契約の終了(1)

1 貸主からの更新拒絶

①借地借家法が適用される建物賃貸借の場合、貸主から更新を拒絶する場合には、正当事由が必要である。正当事由は、貸主・借主等が建物の使用を必要とする事情等も考慮し、総合的に判断される。

②著しい建物の老朽化は、正当事由の要因の1つになる可能性はあるが、それだけで正当事由として認められるわけではない。

③立退料の支払いは、正当事由の要因の1つになる可能性はあるが、それだけで正当事由として認められるわけではない。

④更新拒絶の通知時点では正当事由が存在しなくとも、通知後に事情が変わり正当事由が具備され、正当事由が具備された状態が事情変更時点から6か月間持続した場合は、解約の効果が生じる。

2 解約申入れ

⑤借地借家法が適用される建物賃貸借の場合、貸主からの解約申入れから6か月経過すると、賃貸借契約は終了する。

⑥借地借家法が適用される建物賃貸借の場合、借主からの解約申入れから3か月経過すると、賃貸借契約は終了する。

学習日	月　日	月　日	月　日	月　日
正答数	／5	／5	／5	／5

過去問＋予想問! 目標 **4** 分で答えよう

❏❏❏ 賃貸建物の老朽化が著しいことを理由として更新を拒絶する場合、貸主は立退料を支払うことなく、当然に正当事由が認められる。[H30-19-2] ☞①②**答**×

❏❏❏ 貸主は、自ら建物の使用を必要とする事情が一切なくとも、立退料さえ支払えば、正当事由があるものとして、更新拒絶することが**できる**。[H27-21-1] ☞①③**答**×

❏❏❏ 更新拒絶の通知時点では正当事由が存在しなくとも、通知後に事情が変わり正当事由が具備され、正当事由が具備された状態が事情変更時点から6ヵ月間持続した場合、解約の効果が生じる。[H27-21-2] ☞④**答**○

❏❏❏ 期間の定めのない建物賃貸借契約において、貸主が解約を申し入れた場合、正当事由を具備することで、解約申入日から**3か月の経過**により契約が終了する。[R2-28-4] ☞⑤**答**×

❏❏❏ 期間の定めのある建物賃貸借契約において期間内解約条項がある場合、予告期間に関する特約のない限り、賃貸借契約は借主による**期間内解約の申入れと同時に終了する**。[H29-13-3] ☞⑥**答**×

必ず出る！基礎知識　目標 6分で覚えよう

1 解除

①債務不履行に基づき賃貸借契約を解除するためには、原則として、解除権行使に先立ち、催告をしなければならない。ただし、信頼関係が破壊されたと明らかに認められる場合には、催告しないで解除することができる。

②無催告解除の特約については、長期間の賃料滞納のように、無催告であっても不合理ではないといえる程度の事情が必要である。1か月の滞納程度では認められない。

③賃料保証会社が借主に代わって未払賃料を支払った場合でも、借主が貸主に賃料を支払っていない事実は変わらない。したがって、貸主から解除されることもありうる。

④借主が貸主の承諾なく転貸をした場合、貸主は契約を解除することができる。ただし、背信的行為と認めるに足りない特段の事情がある場合には、無断転貸を理由に解除することはできない。

⑤個人の借主が、同居している子に対して賃貸物件を貸主に無断で転貸することは、背信的行為と認めるに足りない特段の事情とされている。

⑥解除は、撤回できない。

⑦契約解除は、書面で行う必要はない。

⑧契約解除は、相手方に対する意思表示により行う。その意思表示が相手方に到達した時点で、解除の効力が生じる。

学習日	月　日	月　日	月　日	月　日
正答数	／6	／6	／6	／6

過去問＋
予想問！　**目標 4 分で答えよう**

❑❑❑　債務不履行に基づき賃貸借契約を解除するためには、原則として解除権行使に先立ち、催告をしなければならないが、信頼関係が破壊されたと明らかに認められる場合には、催告しないで解除することができる例外が認められる。[H27-25-4]　　☞①答○

❑❑❑　賃貸借契約に「賃料の支払を 1 ヵ月でも滞納すれば、貸主は催告をしないで賃貸借契約を解除することができる。」旨を定めておけば、貸主は、この規定を根拠に賃貸借契約を<u>無催告で解除することができる</u>。[H28-23-4]　　☞②答×

❑❑❑　借主が貸主に賃料を支払わなかったために、賃料保証会社が貸主に未払賃料全額を支払った場合には、その時点で賃料の滞納がない以上、貸主は賃貸借契約を解除することは<u>できない</u>。[H27-25-1]　　☞③答×

❑❑❑　個人の借主が、同居している子に対して賃貸物件を貸主の承諾を得ることなく転貸した場合、貸主は無断転貸を理由として賃貸借契約を解除することが<u>できる</u>。[H29-18-3]　　☞④⑤答×

❑❑❑　賃貸借契約の解除は、<u>書面によって行わなければ効力が生じない</u>。[H28-18-3]　　☞⑦答×

❑❑❑　賃貸借契約を解除する場合、借主に対して解除の意思表示を行えば、その意思表示が借主に<u>到達していなくても効力が生じる</u>。[H28-23-1]　　☞⑧答×

必ず出る！
基礎知識　**目標6分で覚えよう**

1 破産と賃貸借

①借主につき破産手続の開始が決定され、破産管財人が選任されると、貸主が賃料の支払を催告する相手方は、破産管財人となる。

②選任された借主の破産管財人は、賃貸借契約を解除することができる。

③借主につき破産手続の開始が決定されたことは、民法上は、貸主が賃貸借契約を解除する理由にならない。

2 賃貸借終了と転貸借

④期間満了や解約申入れにより原賃貸借契約が終了した場合、通知して6か月後に、転貸借が終了する。

⑤賃貸人と賃借人の合意解除により原賃貸借契約が終了しても、転借人に対抗することはできない。

⑥賃借人の債務不履行により原賃貸借契約が終了した場合、転借人は原賃貸人に対抗できず、原賃貸人が転借人に明渡しを請求したとき、転貸借契約は終了する。また、原賃貸人は、転借人に賃料を支払う機会を与える必要もない。

⑦合意解除であっても、賃貸人が債務不履行による解除権をも有していた場合、転借人に対抗することができる。

3 抵当権付物件の賃貸借

⑧競売で買受人が建物を競落した場合、抵当権の設定前に賃貸借契約が締結されて引渡しを受けていれば、賃借人は買受人に賃借権を対抗することができる。

学習日	月　日	月　日	月　日	月　日
正答数	／6	／6	／6	／6

過去問＋予想問！ 目標 **4** 分で答えよう

❏❏❏ 借主につき破産手続の開始が決定され、破産管財人が選任されると、貸主が賃料の支払を催告する相手方は、破産管財人となる。[R2-25-1]　　☞①答○

❏❏❏ 借主につき破産手続の開始が決定され、破産管財人が選任された場合、破産管財人は、賃貸借契約を解除することができる。[R2-25-2]　　☞②答○

❏❏❏ 借主につき破産手続の開始が決定されたことは、民法上は、貸主が賃貸借契約を解除する理由にならない。[R2-25-3]　　☞③答○

❏❏❏ 原賃貸借契約が合意解約された場合、原賃貸人が転借人に対して明渡しを請求したとき、転貸借契約も<u>終了する</u>。[H30-9-4]　　☞⑤答✕

❏❏❏ 原賃貸借契約が管理業者の債務不履行により解除された場合、原賃貸人が転借人に対して明渡しを請求したとき、転貸借契約も終了する。[H30-9-3]　　☞⑥答○

❏❏❏ 競売で買受人が建物を競落した場合、抵当権の実行<u>前</u>に賃貸借契約が締結され引渡しを受けていれば、賃借人が買受人に賃借権を対抗することができる。[R2-27-ア]　　☞⑧答✕

必ず出る! 基礎知識 **目標6分で覚えよう**

1 保証債務

①保証契約は、書面または電磁的記録で締結しなければならない。その書面は、賃貸借契約書と同一の書面でもよい。

②保証人は、主たる債務に関する利息・違約金・損害賠償等についても、保証債務を負う。

③保証人は、反対の趣旨をうかがわせるような特段の事情のない限り、更新後の賃貸借から生ずる借主の債務についても保証の責めを負う。ただし、貸主において保証債務の履行を請求することが信義則に反すると認められる場合は、その責めを免れる。

④貸主が賃貸物件を第三者に譲渡した場合、保証債務も新貸主に移転する。これを随伴性という。

⑤保証人には、催告の抗弁権がある。したがって、貸主が保証人に対して未収賃料を請求する場合、保証人は、請求に先立ち、借主に催告するよう求めることができる。

⑥保証人には、検索の抗弁権がある。したがって、保証人は、借主が弁済可能な資産などを所有している際に保証債務の履行を拒否することができる。

⑦保証人には、分別の利益がある。したがって、共同保証人は、原則として平等な割合で分割された額についてのみ、保証債務を負う。

過去問+
予想問！ **目標 4 分で答えよう**

❏❏❏ 保証契約は書面でしなければ効力を生じないから、賃貸借契約書中に保証の規定及び保証人の署名があったとしても、<u>新たに保証契約書を作成しなければ、保証契約は無効である</u>。[H28-16-2 改]　　　☞①答✕

❏❏❏ 保証人は、借主が賃貸借契約の解除後に明渡しを遅滞したことよって生じた賃料相当損害金について、保証債務を負う。[H28-16-3]　　　☞②答○

❏❏❏ 賃貸借に関する保証契約書に保証債務の範囲として「賃貸借契約から生じる借主の債務」と記載されている場合、<u>保証人は賃料についてのみ保証債務を負い、原状回復義務については保証債務を負わない</u>。[H29-19- ア]　　　☞②答✕

❏❏❏ 保証人は、反対の趣旨をうかがわせるような特段の事情のない限り、更新後の賃貸借から生ずる借主の債務についても保証の責めを負い、貸主において保証債務の履行を請求することが信義則に反すると認められる場合を除き、更新後の賃貸借から生ずる借主の債務についても保証の責めを免れない。[H28-16-1]　　　☞③答○

❏❏❏ 貸主が賃貸物件を第三者に譲渡した場合、<u>保証契約は当然に終了し、保証人は新貸主との間で保証債務を負わない</u>。[H29-15-3]　　　☞④答✕

20 保 証 ⑵

1 連帯保証

①貸主が連帯保証人に対して連帯保証債務の履行として未収賃料を請求する場合、請求に先立ち借主に賃料の支払の履行を求める必要はない。

②連帯保証人には、催告の抗弁権・検索の抗弁権がない。

③連帯保証人には、分別の利益がない。

2 絶対効・相対効

④主たる債務者に生じた事由は保証人に及ぶが、保証人に生じた債務は、履行・相殺を除き、主たる債務者には及ばない。

⑤主たる債務者に生じた事由は連帯保証人に及ぶが、連帯保証人に生じた債務は、履行・相殺・混同・更改を除き、主たる債務者には及ばない。

3 個人根保証

⑥根保証とは、将来発生する一定の範囲に属する不特定の債務を主たる債務とする保証である。根保証のうち、法人ではなく個人が保証人になる場合を、個人根保証という。

⑦個人根保証契約では、保証人が支払いの責任を負う金額の上限（極度額）を定めるよう義務付けた。保証契約の書面（または電磁的記録）に極度額を明記しておかなければ、保証契約は無効となる。

4 保証会社

⑧家賃債務保証業を営む者は、国土交通大臣の登録を受けることができる。ただし、登録は任意である。

学習日	月 日	月 日	月 日	月 日
正答数	／6	／6	／6	／6

過去問＋
予想問！ 目標 **4** 分で答えよう

❏❏❏ 連帯保証人に対して連帯保証債務の履行として未収賃料を請求する場合、請求に先立ち借主に賃料の支払の履行を求めなくてもよい。[H28-22-2]　☞①啓○

❏❏❏ 連帯保証人は、貸主から保証債務の履行を求められたときに、まず借主に催告すべき旨を請求することができない。[H29-15-2]　☞②啓○

❏❏❏ Aは、Aの所有する土地をBに売却し、Bの売買代金の支払債務についてCがAとの間で保証契約を締結した。Cの保証債務がBとの連帯保証債務である場合、Cに対する履行の請求による時効の更新は、Bに対してもその効力を生ずる。[予想問]　☞⑤啓×

❏❏❏ Aを貸主、Bを借主とする建物賃貸借においてCを連帯保証人とする保証契約を締結した。Cが自然人ではなく法人の場合は、極度額を書面で定めなくてもよい。[R3-27-ウ]　☞⑥⑦啓○

❏❏❏ Aを貸主、Bを借主とする期間1年の建物賃貸借契約において、CはBから委託を受けてAと連帯保証契約を同日締結した。Aは極度額の記載のない連帯保証契約書を持参してCと面会し、口頭で極度額について合意した上、Cの署名押印を得た。この場合も連帯保証契約は効力を生じる。[R4-27-イ改]

☞⑥⑦啓×

❏❏❏ 家賃債務保証業を営む者は、都道府県知事の登録を受けることができる。[予想問]　☞⑧啓×

第6編

建物管理の実務と
賃貸借契約の管理

1 鍵の管理

1 鍵の管理

①鍵は常時施錠できる場所に保管しておくことが望ましい。

②貸主からの依頼または承諾を受けて管理業者が各部屋の
鍵を一括管理する場合、借主に対し、その目的を説明する。

2 鍵の種類

③ディスクシリンダーキーは、以前広く普及していた。し
かし、ピッキング被害が増大したため、現在は製造が中
止されている。

④ロータリー（U9）シリンダーキーは、現在最も普及して
いる。ピッキングに対する防犯性能も向上している。

3 賃貸借契約終了時の鍵の取扱い

⑤前の借主が使っていた鍵を交換しないまま新しい借主に
物件を引き渡すと、盗難等のトラブルの原因となること
がある。

⑥新規入居の場合は、原則として鍵の交換に要する費用を
貸主負担とする。

⑦ピッキングに対応した鍵への交換費用は、原則として、
借主・貸主のうち交換を申し出た方が負担すべきである。

⑧鍵交換のタイミングは、入居希望者に対する案内を終え
た後が望ましい。

学習日	月 日	月 日	月 日	月 日
正答数	／7	／7	／7	／7

● 過去問+予想問！ 目標 **4** 分で答えよう ●

❏❏❏ 管理物件での非常事態に対する早期対処のため、管理業者の従業員が各部屋の鍵を常時携行する。[H30-26-4]　　　☞①答×

❏❏❏ 貸主からの依頼又は承諾を受けて管理業者が各部屋の鍵を一括管理する場合、借主に対し、その目的を説明する。[H30-26-1]　　　☞②答○

❏❏❏ ロータリー（U9）シリンダー鍵は、以前は広く普及していたが、ピッキング被害が増加したため、現在は製造が中止されている。[H28-26-2]　☞③④答×

❏❏❏ 前の借主が使っていた鍵を交換しないまま新しい借主に物件を引き渡すと、盗難等のトラブルの原因となることがある。[H28-26-1]　　　☞⑤答○

❏❏❏ 新規入居の場合は、借主が鍵を紛失した場合と同様に、鍵の交換に要する費用を借主負担とする。[H30-26-2]　　　☞⑥答×

❏❏❏ 新しい借主が決まり、新しい鍵を取り付けたところ、借主から「防犯面に強い鍵」に交換するよう要望された場合、借主にその費用の負担を請求できない。[H30-26-3]　　　☞⑦答×

❏❏❏ 借主の入れ替えに伴う鍵交換のタイミングは、新しい借主が決定した後ではなく、従前の借主が退去したときが望ましい。[R3-6-1]　　　☞⑧答×

必ず出る！
基礎知識　目標 **6** 分で覚えよう

1 居住ルール遵守の徹底

①入居者の快適な生活を維持するため、入居者に共同生活のルールを理解してもらったうえで、ほかの住民に配慮しながら物件を使用してもらう必要がある。

②入居者同士のトラブルの相談を受けた場合には、一方の言い分を鵜呑みにするのではなく、関係者の話をそれぞれよく聴き、公平な立場で処理に当たることが重要である。

③ペットの飼育に関しては、別途飼育細則などを作成する。

④違法駐車に対しては、カラーコーンを置くなどの処置が求められる。

2 クレーム処理

⑤クレームなどが寄せられた場合、まずは電話等で状況をよく聴き、確認する。

⑥管理業者は、クレームを鵜呑みにするのではなく、事情を聴き、実際によく確かめてから行動を起こす必要がある。

⑦管理業者が過去の相談事例等を蓄積した社内マニュアルを作成して、社内で情報を共有することは重要である。

⑧クレームが騒音であれば、いつ、どこで、どのような騒音を発生させているのか確認する。発生源が特定できない場合、注意を促す文書を掲示したり、チラシを配布したりする。

学習日	月　日	月　日	月　日	月　日
正答数	／5	／5	／5	／5

過去問＋
予想問！ 目標 **4** 分で答えよう

❑❑❑ 分譲マンションの一住戸の賃貸管理を受託する場合、管理業者は借主に当該マンションの共用部分に関する管理規約の内容を提示する<u>必要はない</u>。[H28-25-3]
☞①習✕

❑❑❑ 入居者同士のトラブルの相談を受けた場合には、一方の言い分を鵜呑みにするのではなく、関係者の話をそれぞれよく聞き、公平な立場で処理に当たることが重要である。[H28-25-4] ☞②習○

❑❑❑ ペット飼育可の賃貸住宅の場合、貸主側で飼育細則などを定めておくことが望ましい。[予想問] ☞③習○

❑❑❑ 借主から管理業者に対し、クレームやトラブルが発生したとの電話連絡があった場合には、<u>電話で状況を聞くことよりも、まずは現場へ駆けつけることを優先すべきである</u>。[H28-25-1] ☞⑤習✕

❑❑❑ 管理業務で生じるクレームやトラブルの内容やその対応方法は数多く存在するので、会社である管理業者が、過去の相談事例等を蓄積した社内マニュアルを作成して社内で情報を共有することは<u>重要ではない</u>。[H28-25-2] ☞⑦習✕

1　除　　草

①除草作業の基本は、日常の清掃による。

②除草剤を散布する場合には、入居者だけでなく、近隣へも事前通知をする必要がある。洗濯物やペットの屋内への一時移動などの協力を求める必要があるからである。

2　駐車場・駐輪場

③違法駐車や違法駐輪を防止するためには、カラーコーンなどを置くなどの対策が求められる。

④防犯カメラなどの設置は、車上荒らし対策などに有効。

3　共用部分

⑤廊下や階段などに私物が置かれている場合、管理業者は、その私物の所有者に撤去を求める必要がある。ただし、私物を勝手に撤去することはできない。

4　清掃作業

⑥日常の清掃は、最低でも週に 2 ～ 3 回は行う。

⑦月に 1 回程度、定期清掃をすることが一般的である。床のワックスがけなどは、専門の清掃業者にアウトソーシングすることが一般的である。

⑧季節に応じた清掃も欠かさず行う。たとえば、台風シーズンの前には、ドレイン（排水口）の清掃を行う。

⑨共用部分の清掃に関し、年間の清掃計画と定期点検計画を借主に事前に知らせることが望ましい。

学習日	月 日	月 日	月 日	月 日
正答数	／7	／7	／7	／7

過去問＋予想問! 目標 **4** 分で答えよう

❏❏❏ 除草剤の散布に当たっては、入居者などはもとより、近隣へも事前通知を行い、洗濯物やペットの室内への一時移動など協力を求めるべきである。[H29-25-2]
☞②答○

❏❏❏ 違法駐車や違法駐輪を防止するためには、カラーコーンなどを置くなどの対策が求められる。[予想問]
☞③答○

❏❏❏ 防犯カメラなどの設置も車上荒らし対策などに有効な手段である。[予想問] ☞④答○

❏❏❏ 火災発生時に避難通路がふさがれていると、脱出が阻害されるため、ベランダの物置、廊下の自転車、階段や踊り場のダンボールなどを見つけたら、即座に撤去を求めるべきである。[R1-26- ウ] ☞⑤答○

❏❏❏ 建物共用部分の廊下や階段に借主の私物が放置されている場合、賃貸住宅管理業者は発見後、直ちに自らその私物の移動や撤去をする必要がある。[R3-6-4] ☞⑤答×

❏❏❏ 台風シーズン前にはドレイン回りの掃除を行うべきである。[H29-25-1] ☞⑧答○

❏❏❏ 共用部分の清掃に関し、年間の清掃計画と定期点検計画を借主に事前に知らせることは、賃貸住宅管理業者の重要な役割である。[R3-6-3] ☞⑨答○

1 緊急事態への対応：火災発生時

①火災発生時、建物に管理員が置かれているときは、管理員が現場に駆け付け、避難誘導などを行う。あわせて消防署への通報も行う。

②火災発生時、建物に管理員が置かれていないときは、消防署への通報を行い、その後できるだけ早く現場に駆け付けるようにする。

2 緊急事態への対応：地震発生時

③地震発生時、建物に管理員が置かれているときには、揺れがおさまった後、管理員が建物内外の点検を行い、危険が生じている場合は避難誘導を行う。初期消火が可能であれば、消火器や消火栓で延焼防止に努める。

④地震発生時、建物に管理員が置かれていないときには、できるだけ早く対象建物を訪れて被害状況を把握し、その復旧や後片付けを行う必要がある。

3 緊急事態への対応：漏水発生時

⑤漏水発生時、管理業者は、できるだけ早く現場に行く。その後に、修理業者に連絡をする。

⑥漏水発生時、管理業者は、上階の入居者に連絡をとる。不在の際は緊急なので、上階の入居者から室内への立ち入りの許可を得る。

⑦漏水発生現場では、異常な状況の写真撮影を行う。

学習日	月　日	月　日	月　日	月　日
正答数	／4	／4	／4	／4

過去問＋予想問! **目標 4 分で答えよう**

❑❑❑ 管理員が置かれている建物では、火災が発生したら、管理員は、すぐに管理会社に連絡して、自身の避難を行った後に、消防署へ通報しなければならない。
[予想問]　　　　　　　　　　☞①答×

❑❑❑ 管理員が置かれていない建物では、自動火災報知器の発報や借主からの通報で火災の発生を感知後、通報を受けた者は直ちに現場へ駆けつけ、火災を確認し借主等の避難誘導を行った後に消防署へ通報しなければならない。[H30-27-1]　　　　　☞②答×

❑❑❑ 地震発生時、管理員が置かれていない建物では、震災後できるだけ早く賃貸物件を訪れて被害状況を把握し、復旧や後片付けを行う。[H30-27-2]　☞④答○

❑❑❑ 上階がある居室の天井からの漏水の発生を入居者から知らされた場合、管理員が置かれている建物であっても、「急いで上階に行き、下階に水が漏っている旨を告げて下さい。」と入居者に伝え、修理業者と共に現場へ行く。[H30-27-3]　　　☞⑤答×

1 防　　犯

①空き巣などは再発することもあるため、掲示板等で入居者に注意を促すことが重要である。さらに、管理業者は、侵入経路の遮断や警報装置の設置等について、貸主と相談して対策を講じる必要がある。

②エレベーターのかご内には、防犯カメラ等の設備を設置することが望ましい。

③共用廊下に面する住戸の窓や、接地階に存する住戸の窓（バルコニー等に面するものを除く）は、面格子その他の建具を設置して侵入を防止する。

2 照　　明

④10m先の人の顔・行動が明確に識別でき、誰であるか明確にわかる程度以上の照度は、概ね50ルクス以上である。共用玄関の内側の床面・共用メールコーナー・共用玄関の存する階のエレベーターホール・エレベーターのかご内等は、この明るさを保つ。

⑤10m先の人の顔・行動が識別でき、誰であるかわかる程度以上の照度は、概ね20ルクス以上である。共用玄関の外側の床面・共用玄関以外の共用出入口・共用玄関の存する階以外のエレベーターホール・共用廊下・共用階段等は、この明るさを保つ。

⑥4m先の人の挙動・姿勢等が識別できる程度以上の照度は、概ね3ルクス以上である。自転車置場・オートバイ置場・駐車場・通路等は、この明るさを保つ。

学習日	月　日	月　日	月　日	月　日
正答数	／7	／7	／7	／7

6編

防犯・防火対策

● 過去問＋予想問！ **目標 4 分で答えよう** ●

☐☐☐ 空き巣被害が発生した後は、警察の巡回も厳しくなり、しばらくは犯人も警戒するので、掲示板等に空き巣被害が発生した旨の掲示さえすれば、<u>管理業者の対応として足りる</u>。[H30-27-4] ☞①答×

☐☐☐ エレベーターのかご内には、防犯カメラを設置することが望ましい。[R3-11-1 改] ☞②答○

☐☐☐ 接地階に存する住戸の窓で、バルコニー等に面するもの以外のものは、面格子の設置等の侵入防止に有効な措置を行うものとされている。[R3-11-3]
☞③答○

☐☐☐ 共用玄関の照明設備の照度は、その内側の床面においては概ね 50 ルクス以上とされている。[R3-11-4]
☞④答○

☐☐☐ 防犯に配慮した共同住宅の設計指針によれば、エレベーターのかご内において必要な照度は、<u>20 ルクス以上</u>とされている。[予想問] ☞④答×

☐☐☐ 防犯に配慮した共同住宅の設計指針によれば、共用玄関の外側の床面において必要な照度は、<u>3 ルクス以上</u>とされている。[予想問] ☞⑤答×

☐☐☐ 防犯に配慮した共同住宅の設計指針によれば、自転車置場において必要な照度は、3ルクス以上とされている。[予想問] ☞⑥答○

6 アウトソーシング

1 アウトソーシングの特徴

①協力業者に業務をアウトソーシングすることにより、人的資源を補い、自らの専門性や付加価値を高めることができる。

②協力業者を活用することで自社の専門性を高めることができるが、自社内に業務のノウハウが蓄積されない。

③アウトソーシングは、義務ではない。したがって、アウトソーシングしなければならない業務は、存在しない。

2 アウトソーシング

④ハード面（例水道の蛇口の不具合修理、給湯器の点火不良修理、受水槽の水漏れ修理、エアコンやテレビの故障修理）の業務は、アウトソーシングしやすい。

⑤ソフト面（例共用部分の清掃、騒音トラブル対応、鍵の紛失対応、迷惑駐車対応、ゴミ置場の使用方法管理）の業務は、アウトソーシングしにくい。

⑥アウトソーシングした業務においても、なるべく迅速な対応が求められるが、ハード面の一部は、夜間に連絡を受けた場合、翌日対応となっても問題はない。

⑦ロボットによる自動清掃等の技術革新を用いたアウトソーシングを活用することにより、管理業務を従来の労働集約型産業から知的集約型産業に転換させることが期待されている。

学習日	月　日	月　日	月　日	月　日
正答数	／6	／6	／6	／6

6編

アウトソーシング

● 過去問＋予想問！　目標 **4** 分で答えよう ●

□□□　協力業者に業務をアウトソーシングすることにより、人的資源を補い、自らの専門性や付加価値を高めることができる。[H28-27-1]　　　☞①答○

□□□　協力業者を活用することで自社の専門性を高めることができるので、自社内に業務のノウハウが蓄積されない<u>ということはない</u>。[H27-27-4]　☞②答×

□□□　エアコン故障やテレビが映らない等のクレームへの対応は、緊急性が高いため、<u>アウトソーシングしなければならない</u>。[H27-27-2]　　☞③答×

□□□　アウトソーシングしやすい業務と、しにくい業務があるが、入居者のゴミ置き場の使用方法を管理する業務は、アウトソーシング<u>しやすい</u>業務である。[H27-27-1]　　　☞④⑤答×

□□□　設備等のハード面のクレーム対応に比べ、騒音問題等のソフト面のクレーム対応の方がアウトソーシングしにくい。[H28-27-2]　　　☞④⑤答○

□□□　ロボットによる自動清掃等の技術革新を用いたアウトソーシングを活用することにより、管理業務を従来の労働集約型産業から知的集約型産業に転換させることが期待されている。[H28-27-4]　☞⑦答○

必ず出る！基礎知識 目標 **6**分で覚えよう

1 個人情報とは

①個人情報保護法における個人情報とは、<u>生存する個人</u>に関する情報であって、<u>特定の個人を識別</u>できるもの、または<u>個人識別符号</u>が含まれるものをいう。

②<u>他の情報と容易に照合</u>することができ、それによって<u>特定の個人を識別</u>できるものも、個人情報に含まれる。

③<u>防犯カメラの画像</u>も、特定の個人を識別できるのであれば、個人情報に該当する。

④<u>個人識別符号</u>とは、身体の一部の特徴を電子計算機のために変換した符号（顔認識・指紋認識等のデータ）、及び、サービス利用や書類において対象者ごとに割り振られる符号（運転免許証番号・マイナンバー等）のことである。

2 生存する個人に関する情報とは

⑤<u>死者</u>の情報は、原則として個人情報には含ま<u>れない</u>。

3 個人情報取扱事業者

⑥個人情報取扱事業者とは、<u>個人情報データベース等</u>を事業の用に供している者をいう。取り扱う個人情報の<u>数</u>は<u>問わない</u>。個人情報取扱事業者に該当しない者には、個人情報保護法上の義務は課されない。

⑦<u>指定流通機構</u>（レインズ）にアクセスできる業者は、自ら作成した個人情報データベースを保有していなくても、個人情報保護法による個人情報取扱事業者である。

学習日	月　日	月　日	月　日	月　日
正答数	／6	／6	／6	／6

6編

個人情報の管理(1)

❑❑❑ 個人情報保護法が適用される個人情報とは、<u>広く個人一般に関する情報であって</u>、当該情報により特定の個人を識別することができるものをいう。[H28-3-1]　　☞①答×

❑❑❑ 他の情報と照合しなければ特定の個人を識別することができない情報は、<u>個人情報保護法における個人情報に該当することはない</u>。[H27-2-1]　☞②答×

❑❑❑ 特定の個人を識別することができる情報のうち、氏名は個人情報保護法による個人情報に該当するが、運転免許証番号やマイナンバーのような符号は、個人情報保護法による個人情報に<u>該当しない</u>。[R1-4-2]　　☞①④答×

❑❑❑ 管理物件内で死亡した借主に関する情報は、個人情報保護法による個人情報に<u>該当する</u>。[R1-4-1]　☞⑤答×

❑❑❑ 取り扱う個人情報の数が 5,000 人分以下である事業者であっても、個人情報データベース等を事業の用に供している者には、個人情報保護法による規制が適用される。[R4-42-エ]　　☞⑥答○

❑❑❑ 指定流通機構（レインズ）にアクセスできる業者は、自ら作成した個人情報データベースを保有していなくても、個人情報保護法による個人情報取扱事業者である。[H28-3-4]　　☞⑦答○

8 個人情報の管理(2)

1 個人情報データベース等

①個人情報データベース等とは、個人情報を含む情報の集合物であって、特定の個人情報を電子計算機で検索できるように体系的に構成したものをいう。

②紙媒体であっても、五十音順になっているなど検索可能な状態であれば、個人情報データベース等に該当する。

2 個人情報の利用目的

③個人情報取扱事業者は、個人情報の利用目的をできる限り特定しなければならない。

④個人情報取扱事業者は、個人情報を取得した場合、あらかじめ利用目的を公表しているときを除き、速やかにその利用目的を本人に通知し、または公表しなければならない。

⑤個人情報取扱事業者は、個人情報を書面で取得する場合、あらかじめ本人に対し、その利用目的を明示しなければならない。ただし、人の生命、身体または財産の保護のため緊急に必要な場合を除く。

3 個人情報の管理

⑥個人情報取扱事業者は、不正な手段で個人情報を取得してはならない。

⑦個人情報取扱事業者は、本人から、当該本人が識別される保有個人データの開示を請求されたときは、開示に関し、手数料を徴収することができる。

学習日	月　日	月　日	月　日	月　日
正答数	／5	／5	／5	／5

過去問＋予想問！ 目標 4 分で答えよう

❏❏❏ 個人情報を含む情報の集合物については、電子計算機によって特定の個人情報が検索できるように体系的に構成されていなくても、個人情報データベースに該当することがある。[H27-2-4]　☞①②答○

❏❏❏ 個人情報取扱事業者は、あらかじめ利用目的を公表していれば、個人情報を取得した場合に、その利用目的を本人に口頭又は書面等で直接に通知する必要はない。[H27-2-3]　☞④答○

❏❏❏ 個人情報取扱事業者は、個人情報を書面で取得する場合、常に利用目的を本人に明示しなければならない。[R2-3-3]　☞⑤答×

❏❏❏ 個人情報取扱事業者は、不正な手段で個人情報を取得してはならない。[予想問]　☞⑥答○

❏❏❏ 個人情報取扱事業者は、本人から、当該本人が識別される保有個人データの開示を請求されたときは、開示に関し、手数料を徴収することができる。[予想問]　☞⑦答○

9 賃料改定⑴

1 賃料増減請求

①管理業者は、賃料改定に影響を及ぼすような<u>建物の状況</u>や<u>インフラ</u>の変化等が生じた場合、有利な変化であれ不利な変化であれ、賃貸条件を変更すべきかどうかについて、<u>直ちに</u>検討しなければならない。

②賃料が、<u>租税</u>等の負担の増減により不相当となった場合や<u>近傍同種の賃料</u>に比較して不相当となった場合、当事者は、<u>将来に向かって</u>賃料の額の増減を請求することができる。

③賃料の増額または減額の合意については、<u>書面</u>で行わなくても効力を生じる。

④賃料の増額及び減額を請求する場合は、まず<u>交渉</u>を行い、<u>交渉</u>が成立しない場合に<u>調停</u>を申し立てる。それでも協議が調わない場合、<u>訴訟</u>により、新賃料が決定する。

⑤賃料の減額請求を受けた場合、貸主は、裁判が確定するまでは、<u>相当と考える賃料</u>（現在の賃料）の支払いを請求することができる。裁判確定後、すでに受領した賃料に超過があるときは、その超過額に<u>年1割</u>の利息を付して返還しなければならない。

⑥賃料の増額請求を受けた場合、借主は、裁判が確定するまでは、<u>相当と考える賃料</u>（現在の賃料）の支払いをすればよい。裁判確定後、すでに支払った賃料に不足があるときは、その不足額に<u>年1割</u>の利息を付して支払わなければならない。

学習日	月　日	月　日	月　日	月　日
正答数	／6	／6	／6	／6

6編

賃料改定(1)

◉ 過去問＋予想問！ 目標 **4** 分で答えよう ◉

❏❏❏ 管理業者は、賃料改定に影響を及ぼす各種要因の変化のうち有利な変化が生じた場合に**のみ**、賃貸条件を変更すべきかについて直ちに検討しなければならない。[H29-21-4 改]　☞①❷×

❏❏❏ 借主が契約期間中に賃料減額請求をする場合には、契約開始時に遡って賃料の減額を請求することができる。[H27-26-4]　☞②❷×

❏❏❏ 書面によらずに賃料減額に合意した場合、賃料減額としての効力を有する。[H30-20-4]　☞③❷○

❏❏❏ 賃料改定については、合意が成立しなければ、訴訟によって裁判所の判断を求めることになるが、原則として、訴訟提起の前に調停を申し立てなければならない。[R3-21-エ]　☞④❷○

❏❏❏ 借地借家法上の賃料増減額請求権を行使した場合において、相手方がこれを争うときは、調停を申し立てなければならない。[H29-21-1]　☞④❷○

❏❏❏ 借主から賃料減額請求を受けた貸主は、裁判が確定するまでは、減額された賃料の支払のみを請求することができるが、裁判が確定した場合において、既に受領した賃料額に不足があるときは、その不足額に年1割の割合による支払期後の利息を付してこれを請求することができる。[H27-26-2]　☞⑤❷×

10 賃料改定(2)

1 賃料増減請求

①普通賃貸借契約において賃料増減請求を認めない特約を
した場合、増額請求はできないが、減額請求は可能である。

②定期建物賃貸借契約において賃料増減請求を認めない特
約をした場合、増額請求も減額請求もできない。

③協議が調わずに裁判となった場合、その裁判が確定する
までの間は、従前の賃料を支払えばよい。

④裁判が確定した場合、賃料増減請求は、裁判確定時では
なく、請求権行使時から効力を生じる。

2 共有の増減請求

⑤賃貸人が複数の場合の賃料増額請求権の行使については、
共有物の管理行為に当たるとされている。したがって、
共有物の持分価格の過半数で決するため、各貸主は、単
独で賃料増額請求をすることができない。

3 市場調査

⑥借主からみて、賃貸条件が不利な状態になると、入居率
は低下する。この賃貸条件には、表面的な賃料だけでな
く、建物の状態や周辺の環境なども含まれる。

⑦管理業者は、賃貸条件に変化が生じた場合、貸主に有利
な変化でも不利な変化でも、入居者の賃料の増減につい
て検討することが望ましい。

学習日	月 日	月 日	月 日	月 日
正答数	／6	／6	／6	／6

● 過去問＋予想問! **目標 4 分で答えよう** ●

❏❏❏ 普通建物賃貸借契約において、一定期間、賃料を減額しない旨の特約がある場合であっても、借主は、当該期間中、賃料の減額を請求することができる。
[H27-26-3] ☞①答○

❏❏❏ 定期建物賃貸借契約に特約を設けることで、借主の賃料減額請求権を排除することが可能である。[R4-24-ウ] ☞②答○

❏❏❏ 借主が賃料減額請求を行ったが、協議が調わない場合、減額を正当とする裁判が確定するまでの間、借主は減額された賃料を支払えば足り、貸主は従前の賃料を請求することができない。[R3-21-ウ]
☞③答×

❏❏❏ 賃料増減請求は、請求権を行使した時ではなく、客観的に賃料が不相当となった時に遡って効力を生ずる。[R3-21-ア] ☞④答×

❏❏❏ 賃貸借契約の貸主の地位を複数の貸主が共に有する場合(ただし、各貸主の持分は相等しいものとする。)、各貸主は単独で賃料増額請求権を行使することができる。[R1-10-ア] ☞⑤答×

❏❏❏ 管理業者は、賃貸条件に変化が生じた場合、貸主に有利な変化である場合に限り、入居者の賃料改定を検討しなければならない。[予想問] ☞⑦答×

11 未収賃料の回収(1)

1 弁護士法の遵守

①管理受託方式により賃貸管理を行っている管理業者は、管理業者の名前で借主に対して未払賃料の回収のための内容証明郵便を発信することができない。

2 自力救済の禁止

②「契約終了後1か月以内に退去しない場合には、貸主は鍵を交換することができる」という規定は、無効となる。

③未収賃料を回収する目的で、管理業者が借主の承認を得ずにドアの鍵部分にカバーをかけ、借主の入室が困難な状態にすることは、自力救済に当たり、許されない。

④上記③の行為が不法行為に該当する場合、管理業者だけでなく、貸主も不法行為に対する損害賠償責任を負うことがある。

⑤賃貸借契約書に「賃料を滞納した場合、貸主または管理業者は貸室の鍵を交換することができる」と定められていても、貸主または管理業者が、この規定を根拠に、借主に無断で貸室の鍵を交換した場合、貸主・管理業者またはその双方が損害賠償責任を負うことがある。

6編

未収賃料の回収⑴

過去問＋予想問！ **目標 4 分で答えよう**

□□□ 管理受託方式により賃貸管理を行っている管理業者は、管理業者の名前で借主に対して未払賃料の回収のための内容証明郵便を発信することができない。
[H28-22-3] ☞①答〇

□□□ 賃貸借契約書に「借主が契約終了後1ヵ月以内に退去しない場合には、貸主は鍵を交換することができる。」という規定がある場合、貸主は、借主が契約終了後1ヵ月以内に退去しないときは、鍵を交換することができる。[H27-22-1] ☞②答×

□□□ 未収賃料を回収する目的で、管理業者が借主の承認を得ずにドアの鍵部分にカバーをかけ、借主の入室が困難な状態にした場合、管理業者が損害賠償責任を負うことはあっても、貸主が損害賠償責任を負うことはない。[H28-22-1] ☞③④答×

□□□ 賃貸借契約書に「賃料を滞納した場合、賃貸借契約は直ちに解除され、貸主は貸室の鍵を交換することができる。」と定められていても、貸主がこの規定を根拠に貸室の鍵を交換すれば損害賠償責任を負うことがある。[H28-22-4] ☞⑤答〇

□□□ 賃貸借契約書に、「賃料を滞納した場合には、貸主あるいは管理業者は鍵を交換することができる。」との約定があっても、貸主は、建物明渡し前に借主の外出中に無断で、賃貸建物の鍵を交換した場合、法的責任を問われることがある。[H30-22-4] ☞⑤答〇

1 滞納と残置物の処理

①借主が家賃を滞納したまま長期間不在になった場合、貸主が室内の遺留品を処分するには、<u>債務不履行</u>を理由に契約を解除し、さらに<u>明渡請求訴訟</u>を提起し、その判決を得た上で強制執行する必要がある。

②賃料支払債務について、どの程度の債務不履行があれば<u>信頼関係が破壊された</u>といえるかは、事案ごとに総合的に判断される。一度の賃料未払いで信頼関係が破壊されたとはいえない。したがって、滞納の理由については、<u>調査</u>が必要である。

③借主から退去前に取得した「借主は退去後の<u>残置物</u>について所有権を放棄する」という念書がある場合、貸主は、借主が粗大ゴミを残して退去したときは、これを<u>処分</u>することができる。

④借主が長期行方不明の場合であっても、当然に賃貸借契約が終了するわけではない。<u>解除の意思表示</u>は必要である。

2 催 告

⑤<u>内容証明郵便</u>は、いつ、どのような内容の郵便を、誰が誰に宛てて出したかについて、郵便局が証明する制度である。

⑥<u>配達証明付きの内容証明郵便</u>を利用すれば、郵便物が相手方へ到達したかどうか、到達した日時についても証明することができる。そのため、催告を行ったことについての<u>裁判上の証拠</u>となる。

学習日	月 日	月 日	月 日	月 日
正答数	／5	／5	／5	／5

過去問＋予想問！ 目標 4 分で答えよう

❏❏❏ 賃貸借契約書に「借主が無断で1ヵ月以上不在のときは、契約が解除され、借主は室内の遺留品について所有権を放棄する。」という規定がある場合、貸主は、借主が長期不在となったときは、室内の遺留品を処分することができる。[H27-22-4]　☞①答×

❏❏❏ 賃料の滞納が一度でもあれば、滞納自体が債務不履行に該当し、契約当事者の信頼関係を破壊するため、滞納理由について調査する必要はない。[H30-23-1]　☞②答×

❏❏❏ 貸主は、契約解除後、借主が任意に明渡すことを承諾している場合、明渡し期限後の残置物の所有権の放棄を内容とする念書を取得すれば、借主が退去した後に残置物があったとしても自らこれを処分することができる。[R3-22-イ]　☞③答○

❏❏❏ 借主が長期にわたり行方不明となっている場合、すでに賃貸建物を占有しているとは言えないため、賃貸借契約の解除の意思表示をしなくても、契約は終了する。[H30-23-4]　☞④答×

❏❏❏ 賃料滞納を理由として賃貸借契約を解除する場合、配達証明付き内容証明郵便を用いて催告を行うと、催告を行ったことについて裁判上の証拠となる。[H30-23-2]　☞⑥答○

必ず出る！
基礎知識 目標 **6** 分で覚えよう

1 少額訴訟

①同一の簡易裁判所において、同一年内に少額訴訟を利用
できる回数は、10回までである。

②原告が少額訴訟を希望した場合、被告が異議を唱えない
ときは、少額訴訟による審理を行う。被告は、訴訟を通
常の手続に移行させる旨を申述することができる。

③少額訴訟においては、証人尋問を証人の宣誓なしで行う
ことができる。

④少額訴訟において、請求の全部または一部を認容する判
決を言い渡す場合、裁判所は、被告の資力その他の事情
を考慮して特に必要があるときは、判決の言渡しの日か
ら3年を超えない範囲内で、支払猶予または分割払いの
定めをすることができる。

2 強制執行

⑤債務名義とは、強制執行を可能とするための根拠となる
文書をいう。判決における判決書や裁判上の和解調書も、
債務名義となる。

⑥強制執行をするためには、債務名義だけでなく、裁判所
の執行文が必要である。

⑦支払督促や少額訴訟の判決では、執行文がなくても、債
務名義さえあれば執行することができる。

⑧貸主は、賃貸借契約書を公正証書で作成した場合であっ
ても、建物の明渡しの強制執行をするためには、訴訟を
提起して判決を得なければならない。

学習日	月 日	月 日	月 日	月 日
正答数	／7	／7	／7	／7

⬤ 過去問＋予想問！ **目標 4 分で答えよう** ⬤

❏❏❏ 債権者は、同一の簡易裁判所において、同一の年に、同一の債務者に対して年10回を超えて少額訴訟を選択することはできないが、<u>債務者が異なれば選択することは可能である</u>。[H30-21-1]　☞①答✕

❏❏❏ 裁判所は、原告が希望すれば、<u>被告の意見を聴くことなく少額訴訟による審理を行う</u>ことになる。[H30-21-4]　☞②答✕

❏❏❏ 少額訴訟において<u>証人尋問手続が取られることはない</u>ため、証人尋問が必要な場合、通常訴訟の提起が必要である。[H30-21-2]　☞③答✕

❏❏❏ 裁判所は、請求の全部又は一部を認容する判決を言い渡す場合、被告の資力その他の事情を考慮し、特に必要がある場合には、判決の言渡日から3年を超えない範囲内で、支払猶予又は分割払の定めをすることができる。[H30-21-3]　☞④答○

❏❏❏ 明渡しの強制執行を行うための債務名義となるのは、判決における判決書のみであり、裁判上の和解調書は債務名義と<u>ならない</u>。[H30-22-1]　☞⑤答✕

❏❏❏ 強制執行を申し立てるに当たって必要となるのは、債務名義<u>のみ</u>である。[H30-22-2]　☞⑥答✕

❏❏❏ 貸主は、賃貸借契約書を公正証書で作成した場合であっても、建物の明渡しの強制執行をするためには、訴訟を提起して判決を得なければならない。[R3-22-エ]　☞⑧答○

14 会 計

1 企業会計原則

①企業会計原則は、企業会計の実務の中に慣習として発したものの中から、一般に<u>公正妥当</u>と認められたところを要約した基準である。

②企業会計原則は、<u>一般原則</u>・<u>損益計算書原則</u>・<u>貸借対照表原則</u>の3つの原則により構成されている。

2 現金主義と発生主義

③<u>現金主義</u>は、現金の入出金が生じた時点で費用と収益を計上する考え方である。

④<u>発生主義</u>は、取引が発生した時点で費用と収益を計上する考え方である。取引を適正に会計処理するためには、<u>発生主義</u>が好ましいとされる。

3 貸借対照表と損益計算書

⑤<u>貸借対照表</u>は、決算（期末）時点での企業の財務状態を表している。

⑥<u>損益計算書</u>は、一会計期間の経営成績を示した表である。

4 仕訳のルール

⑦複式簿記においては、帳簿の<u>左側</u>を<u>借方</u>、右側を<u>貸方</u>と呼ぶ。

⑧借方の合計金額と貸方の合計金額は、<u>常に一致</u>する。

学習日	月　日	月　日	月　日	月　日
正答数	／7	／7	／7	／7

過去問＋予想問！ 目標 4 分で答えよう

☐☐☐ 企業会計原則は、企業会計の実務の中に慣習として発達したものの中から、一般に公正妥当と認められたところを要約した基準である。[R4-22-1] ☞①答○

☐☐☐ 企業会計原則は、一般原則、損益計算書原則、貸借対照表原則の３つの原則により構成されている。
[R4-22-2] ☞②答○

☐☐☐ 収益又は費用をどの時点で認識するかについて、発生主義と現金主義の２つの考え方があり、取引を適正に会計処理するためには、発生主義が好ましいとされている。[R4-22-4] ☞③④答○

☐☐☐ <u>貸借対照表</u>は、一会計期間の経営成績を示した表である。<u>損益計算書</u>は、決算（期末）時点での企業の財務状態を表している。[予想問] ☞⑤⑥答×

☐☐☐ 複式簿記においては、帳簿の<u>左側</u>を貸方、<u>右側</u>を借方と呼ぶ。[予想問] ☞⑦答×

☐☐☐ 仕訳は、複式簿記の原則に従って記入し、貸借の金額は常に一致する。[予想問] ☞⑧答○

1 原状回復ガイドラインの位置づけ

①原状回復ガイドラインは、あくまで指針であり、当事者に対して法的な拘束力を有するものではない。したがって、ガイドラインの考え方と異なる内容を特約として取り決めることは、可能である。

2 原状回復ガイドラインの規定

②退去時における壁のクロスの経年劣化・通常損耗分の張替えについては、借主は、原則として、費用を負担する必要がない。

③借主の故意過失、善管注意義務違反、その他通常の使用を超えるような使用による損耗等のいずれにも該当せず、次の入居者を確保する目的で行う設備の交換や化粧直し等のリフォームは、貸主の負担となる経年変化及び通常損耗の修繕に該当する。

④原状回復は、借主の故意による場合のみに限定されず、借主の過失、善管注意義務違反、通常の使用を超えるような使用による損耗・毀損を復旧させることも含む。

⑤震災等の不可抗力による損耗、借主と無関係の第三者がもたらした損耗等は、借主が負担すべきでない。

⑥賃借人の住まい方や使い方次第で発生したりしなかったりすると考えられる損耗は、通常使用によるものとはいえないため、借主が負担する。

学習日	月　日	月　日	月　日	月　日
正答数	／6	／6	／6	／6

過去問＋予想問！ 目標4分で答えよう

□□□ 原状回復の取扱いについて、ガイドラインの内容と異なる特約を定めても無効である。[H28-24-3]
☞①答×

□□□ 借主は、退去時に壁のクロスの経年劣化及び通常損耗分の張替えについて、ガイドラインに従い張替え費用を負担しなければならない。[H27-28-1] ☞②答×

□□□ ガイドラインによれば、借主の故意過失、善管注意義務違反、その他通常の使用を超えるような使用による損耗等のいずれにも該当せず、次の入居者を確保する目的で行う設備の交換や化粧直し等のリフォームは、貸主の負担となる経年変化及び通常損耗の修繕に該当する。[H28-24-1] ☞③答○

□□□ ガイドラインによれば、原状回復とは借主の故意により発生した損耗・毀損のみを借主に復旧させることと定義している。[H29-24-4] ☞④答×

□□□ ガイドラインによれば、震災等の不可抗力による損耗や、借主と無関係な第三者がもたらした損耗等については、借主が負担すべきであるとされている。[H29-26-1] ☞⑤答×

□□□ ガイドラインによれば、借主の住まい方や使い方次第で発生したりしなかったりすると考えられるものは、貸主が負担すべきであるとされている。[H29-26-2] ☞⑥答×

必ず出る！基礎知識　目標 6 分で覚えよう

1 原状回復ガイドラインの規定

①ポスターやカレンダー等の掲示に伴う壁等の画鋲の穴については、通常の損耗とされている。したがって、貸主の負担による修繕に該当する。

②ペットにより柱・クロス等にキズが付いたり臭いが付着したりしている場合には、借主負担と判断される場合が多い。

③風呂・トイレ・洗面台の水垢やカビ等は、使用期間中に、その清掃・手入れを怠った結果汚損が生じた場合は、借主の善管注意義務違反に該当すると判断されることが多く、借主が原状回復費用を負担する。

④エアコンの内部洗浄については、喫煙等による臭い等が付着していない限り、借主が通常の住まい方・使い方をしていても発生すると考えられ、建物価値を増加させる要素が含まれているとして、貸主負担とすることが妥当である。

⑤賃貸建物の鍵の紛失は、借主負担と判断される場合が多い。

⑥家具を設置したことによる床・カーペットのへこみ・設置跡については、通常の使用による損耗ととらえるのが妥当と考えられるとし、貸主負担とされている。

学習日	月　日	月　日	月　日	月　日
正答数	／5	／5	／5	／5

● 過去問＋予想問！　目標 **4** 分で答えよう ●

❏❏❏ ガイドラインによれば、ポスターやカレンダー等の掲示のための壁等の画鋲の穴は、壁等の釘穴、ねじ穴と同視され、借主の負担による修繕に該当する。
[H28-24-2]
☞①答✕

❏❏❏ ガイドラインによれば、ペットにより柱、クロス等にキズが付いたり臭いが付着している場合には、借主負担と判断される場合が多いと考えられている。
[H28-28-4]
☞②答○

❏❏❏ ガイドラインでは、風呂・トイレ・洗面台の水垢・カビ等は、「賃借人が通常の住まい方、使い方をしていても発生すると考えられるもの」に位置づけられており、借主は原状回復義務を負わない。[H30-25-4]
☞③答✕

❏❏❏ ガイドラインでは、エアコンの内部洗浄は、「明らかに通常の使用等による結果とは言えないもの」に位置づけられており、借主は原状回復義務を負う。
[H30-25-2]
☞④答✕

❏❏❏ ガイドラインでは、賃貸建物の鍵の紛失は、賃借人負担と判断される場合が多いため、「明らかに通常の使用等による結果とは言えないもの」に位置づけられており、借主は原状回復義務を負う。[H30-25-3]
☞⑤答○

1 原状回復ガイドラインの規定

①経過年数を超えた設備等であっても、継続して賃貸住宅の設備等として使用可能なものについて、借主が<u>故意過失</u>等により当該設備等を破損し、使用不能にしてしまった場合、従来機能していた状態まで回復させるための費用は、<u>借主が負担すべき</u>ときがある。

②借主がクロスに故意に<u>落書き</u>を行った場合、当該クロスが耐用年数を超えていても、これを消すための費用（工事費・人件費等）については、<u>借主の負担</u>となることがある。

③襖紙や障子紙の毀損等については、経過年数を考慮せず、借主に<u>故意過失</u>等がある場合には、張替え等の費用を<u>借主の負担</u>とするのが妥当とされている。

④借主の喫煙により、居室全体においてクロス等がヤニで変色したり臭いが付着した場合、当該居室全体のクリーニングを<u>借主負担</u>とすることを認めている。

⑤借主に特別の負担を課す特約が有効となるための要件は、ⓐその特約をする<u>必要性</u>があり、かつ、ⓑ暴利的ではない等の<u>客観的・合理的理由</u>があり、ⓒ借主が、特約によって通常の原状回復義務を超えた修繕等の義務を負うことを<u>認識</u>したうえで、特約による義務負担の<u>意思表示</u>をすることである。

学習日	月 日	月 日	月 日	月 日
正答数	／5	／5	／5	／5

過去問+
予想問! 目標 **4** 分で答えよう

❑❑❑ 経過年数を超えた設備等であっても、継続して賃貸住宅の設備等として使用可能なものを借主が故意又は過失により破損した場合、借主は新品に交換する費用を負担する。[R4-10-エ]　☞①答×

❑❑❑ ガイドラインの考え方によれば、借主がクロスに故意に落書きを行ったとしても、当該クロスが耐用年数を超えている場合には、これを消すための費用(工事費や人件費等)については、借主の負担とすることができない。[H27-24-3]　☞②答×

❑❑❑ ガイドラインによれば、襖紙や障子紙の毀損等については、経過年数を考慮せず、借主に故意過失等がある場合には、張替え等の費用を借主の負担とするのが妥当とされている。[H28-28-3]　☞③答○

❑❑❑ ガイドラインによれば、借主の喫煙により、居室全体においてクロス等がヤニで変色したり臭いが付着した場合、当該居室全体のクリーニングを借主負担とすることを認めている。[H29-24-3]　☞④答○

❑❑❑ 借主に特別の負担を課す特約は、その必要性があり、かつ、暴利的でない等の客観的、合理的理由があり、借主が、特約によって通常の原状回復義務を超えた修繕等の義務を負うことを認識したうえで、特約による義務負担の意思表示をすることが、その有効性の要件となる。[H27-28-3]　☞⑤答○

第7編

建物・設備の
知識

1 建物の基礎知識(1)

1 シックハウス

①建築基準法改正により、シックハウス対策の規定が、平成 15 年 7 月 1 日以降に着工される居室のある建築物に適用されるようになった。

②シックハウス対策として、居室を有する建築物は、建築材料及び換気設備に関する技術基準に適合するものとしなければならない。

③建築基準法上のシックハウス対策の規定により、居室を有する建築物を建築する場合には、クロルピリホス及びホルムアルデヒドを含む建築材料の使用制限を受ける。

④シックハウス対策規定による建築材料の使用制限を遵守していても、持ち込まれた家具からホルムアルデヒド等の化学物質が発散される可能性がある。

2 数値の規則

⑤その階における居室の床面積の合計が 100㎡（耐火構造・準耐火構造の場合は 200㎡）を超える場合は、直通階段を 2 つ以上設けなければならないのが原則である。

⑥住戸の床面積の合計が 100㎡を超える階では、片側に居室のある場合には 1.2 m、両側に居室のある場合には 1.6 m以上の廊下の幅が必要とされる。

⑦直上階の居室の床面積の合計が 200㎡を超える階では、120cm以上の階段の幅が必要とされる。

⑧屋外階段では、90cm以上の階段の幅が必要とされる。

学習日	月 日	月 日	月 日	月 日
正答数	／8	／8	／8	／8

過去問＋予想問！ 目標 **4** 分で答えよう

7編
建物の基礎知識(1)

□□□ 建築基準法改正により、シックハウス対策の規定が平成15年7月1日以降に着工される居室のある建築物に適用されるようになった。[H27-29-1] ☞①答○

□□□ シックハウス対策として、居室を有する建築物は、建築材料及び換気設備に関する技術基準に適合するものとしなければならない。[H30-28-4] ☞②答○

□□□ 建築基準法上、居室を有する建築物を建築する場合には、クロルピリホス及びホルムアルデヒドを含む建築材料の使用制限を受ける。[H27-29-3] ☞③答○

□□□ 持ち込まれた家具からホルムアルデヒド等の化学物質が発散される可能性がある。[H27-29-4] ☞④答○

□□□ その階における居室の床面積の合計が100㎡を超える（耐火構造・準耐火構造の場合は200㎡）場合は、直通階段を2つ以上設けなければならないのが原則である。[R3-12-4] ☞⑤答○

□□□ 住戸の床面積の合計が100㎡を超える階では、両側に居室のある場合には、1.2 m以上の廊下の幅が必要とされる。[H29-28-1] ☞⑥答×

□□□ 直上階の居室の床面積の合計が200㎡を超える階では、120cm以上の階段の幅が必要とされる。[H29-28-3] ☞⑦答○

□□□ 屋外階段では、90cm以上の階段の幅が必要とされる。[H29-28-4] ☞⑧答○

1 アスベスト

①**アスベスト**とは、天然の鉱石に含まれる繊維のことで、**石綿**(いしわた)ともいわれる。

②アスベスト粉じんは、**肺がん**や**中皮腫**、**肺繊維症**(じん肺)の原因になる。

③アスベストを建築材料として使用したり、アスベストが含まれる建築材料を使用したりすることは、原則として**禁止**される。ただし、**飛散**または**発散**するおそれがないとして国土交通大臣が定めたもの、または国土交通大臣の認定したものは除く。

2 構　　造

④**基礎**とは、上部の建物に加わる力を地盤に伝える部分である。

⑤木造は、建物の重量が軽く、施工もしやすいが、**防火・耐火性能**において他の建築構造より劣る。

⑥鉄筋コンクリート造は、建物の重量が重いため、**地震**による影響が大きい。

⑦鉄骨鉄筋コンクリート造は、鉄筋コンクリート造より施工が**難しく**、工期も**長い**。

⑧鉄骨造は、鋼材の加工性が良く、工期は比較的**短く**、**省力化**が可能である。

⑨**壁式構造**は、壁体や床板で構成する構造方式である。

⑩**ラーメン構造**は、柱と梁を一体化した骨組構造である。

学習日	月 日	月 日	月 日	月 日
正答数	／10	／10	／10	／10

過去問＋予想問！ 目標 **4** 分で答えよう

7編

建物知識の基礎知識(2)

☐☐☐ アスベストとは、天然の鉱石に含まれる繊維のことで、石綿ともいわれる。[H30-28-1] ☞①答○

☐☐☐ アスベスト粉じんは、肺がんや中皮腫、肺繊維症（じん肺）の原因になる。[H30-28-2] ☞②答○

☐☐☐ アスベストが含まれる建築材料を使用することは、すべて禁止されている。[H30-28-3] ☞③答×

☐☐☐ 基礎とは、上部の建物に加わる力を地盤に伝える部分である。[H27-38-4] ☞④答○

☐☐☐ 木造は、建物の重量が軽く、施工もしやすいが、防火、耐火性能において他の建築構造より劣る。[H28-38-1] ☞⑤答○

☐☐☐ 鉄筋コンクリート造は、建物の重量が重いため、地震による影響が大きい。[H28-38-2] ☞⑥答○

☐☐☐ 鉄骨鉄筋コンクリート造は、鉄筋コンクリート造より施工がしやすく、工期も短い。[H28-38-4] ☞⑦答×

☐☐☐ 鉄骨造は、鋼材の加工性が良く、工期は比較的短く、省力化が可能である。[H28-38-3] ☞⑧答○

☐☐☐ 壁式構造は、壁体や床板で構成する構造方式である。[H27-38-2] ☞⑨答○

☐☐☐ ラーメン構造は、柱と梁を一体化した骨組構造である。[H27-38-1] ☞⑩答○

3 建物の維持管理と点検(1)

1 漏　水

①建物の最上階では、屋上や屋根、庇からの漏水が多い。

②建物の中間階では、外壁や出窓、ベランダからの浸水なども多い。

③雨水による漏水の発生源を特定することは、困難な場合が多い。

④外壁がタイル張りの場合は、タイルの剥がれやコーキングの劣化に起因する漏水が多い。

2 保全と点検

⑤事後保全は、事故や不具合が生じてから修繕等を行う保全である。

⑥予防保全は、事故や不具合が生じる前に、あらかじめ適切な処置を施す保全である。

⑦予防保全においても、事後保全においても、法定耐用年数にとらわれることなく、現場の劣化状況により機器を交換するべきである。

⑧貸主に対する日常点検業務に関する費用の見積りと結果報告は、必ず行わなければならない。

⑨巡回点検は、管理業者が担う役割のうち重要なものである。

⑩管理業務として建築物の点検を行う場合には、入居者からの情報を活用すべきである。

学習日	月 日	月 日	月 日	月 日
正答数	／9	／9	／9	／9

過去問＋予想問！ 目標 **4** 分で答えよう

建物の維持管理と点検⑴

□□□ 建物の最上階では、屋上や屋根、庇からの漏水が多い。[H29-39-1] ☞①答○

□□□ 建物の中間階では、外壁や出窓、ベランダからの浸水は<u>少ない</u>。[H29-39-2] ☞②答×

□□□ 雨水による漏水の発生源を特定することは、困難な場合が多い。[H29-39-3] ☞③答○

□□□ 外壁がタイル張りの場合は、タイルの剥がれやクラック、目地やコーキングの劣化に起因する漏水は<u>発生しにくい</u>。[R4-16-3] ☞④答×

□□□ 予防保全は、事故や不具合が生じる前に、あらかじめ適切な処置を施す保全である。[H28-30-2] ☞⑥答○

□□□ 予防保全においても、事後保全においても、<u>法定耐用年数どおりに</u>機器を交換することが重要である。[H28-30-4] ☞⑦答×

□□□ 貸主に対し、日常点検業務に関する費用の見積りと結果報告は必ず行わなければならない。[H27-30-3] ☞⑧答○

□□□ 巡回点検は、管理業者が担う役割のうち重要なもの<u>ではない</u>。[H27-30-2] ☞⑨答×

□□□ 管理業務として建築物の点検を行う場合には、入居者からの情報を活用すべきである。[H27-30-4] ☞⑩答○

必ず出る！
基礎知識　目標 **6**分で覚えよう

1 点検と報告

①特定建築物の所有者または管理者は、定期に、調査をしなければならない。

②特定建築物の定期調査・検査は、一級建築士・二級建築士等に実施させなければならない。

③特定建築物に関する報告の主な調査内容は、敷地・構造・防火・避難の4項目である。

④特定建築物の共同住宅の定期調査報告は、3年ごとに行う義務がある。

2 計画修繕

⑤中長期的には、修繕計画による的確な修繕の実施により、賃貸経営の収支上プラスに働くこともあり、計画修繕が望まれる。

⑥計画修繕の実施に当たっては、計画された修繕部位を点検・調査した上で状況を把握することが重要である。

⑦修繕工事は、日常生活の中で行われるため、騒音や振動により居住者等に迷惑をかけるおそれに配慮しなければならない。

⑧計画修繕を実施していくためには、長期修繕計画を策定する必要があるが、修繕管理の費用を賃貸不動産経営の中に見込む必要がある。

⑨修繕履歴情報が賃貸借の意思決定時に提供されることで、入居後のトラブル防止につながる。

⑩正確な修繕履歴情報を利用することで、災害発生時の復旧を迅速かつ適切に行うことが可能となる。

○ 過去問＋予想問！ 目標 **4** 分で答えよう ○

❑❑❑ 特定建築物の定期調査・検査は、<u>一級建築士</u>に実施させなければならない。[H30-29-2] ☞②答×

❑❑❑ 特定建築物に関する報告の主な調査内容は、敷地、構造、防火、避難の4項目である。[H30-29-3] ☞③答○

❑❑❑ 特定建築物の共同住宅の定期調査報告は、3年ごとに行う義務がある。[H30-29-4] ☞④答○

❑❑❑ 中長期的には、修繕計画による的確な修繕の実施により、賃貸経営の収支上プラスに働くこともあり、計画修繕が望まれる。[H30-39-1] ☞⑤答○

❑❑❑ 計画修繕の実施に当たっては、計画された修繕部位を点検、調査した上で状況を把握することが重要である。[H30-39-2] ☞⑥答○

❑❑❑ 修繕工事は、日常生活の中で行われる工事であるため、騒音や振動により居住者等に迷惑をかける問題があり、配慮しなければならない。[H30-39-3] ☞⑦答○

❑❑❑ 計画修繕を実施していくためには、長期修繕計画を策定する必要があるが、修繕管理の費用を賃貸不動産経営の中に見込む<u>必要はない</u>。[H30-39-4] ☞⑧答×

❑❑❑ 正確な修繕履歴情報を利用することにより、災害が発生した際の復旧に迅速かつ適切な対応をとることが可能となる。[R3-14-3] ☞⑩答○

1 工作物責任とは

①土地の工作物の設置または保存に瑕疵があったために他人に損害を与えたときは、その工作物の占有者や所有者が、被害者に対して、その損害を賠償する責任を負う。

②設置の瑕疵とは、設置当初から欠陥がある場合をいう。

③保存の瑕疵とは、設置当初は欠陥がなかったが、設置後の維持管理の過程において欠陥が生じた場合をいう。

2 損害賠償責任を負う者

④工作物責任は、第1次的には、占有者が負う。ただし、占有者が損害の発生を防止するのに必要な注意を尽くしていたことを証明した場合、占有者は免責される。

⑤工作物責任は、第2次的には、所有者が負う。所有者は、自らの無過失を立証しても、責任を免れることはできない（無過失責任）。したがって、建物に建築基準法違反があることにより他人に損害を与えた場合であっても、その責任は所有者が負うこととなる。

⑥工作物責任により損害を賠償した占有者や所有者は、瑕疵を生じさせたことについて他に責任を負う者がある場合、その者に対して求償権を行使できる。

3 管理業者

⑦賃貸住宅管理業者も、建物の安全確保のため事実上の支配をしているときは、占有者とみなされる。

学習日	月 日	月 日	月 日	月 日
正答数	／5	／5	／5	／5

過去問＋予想問！ 目標 **4** 分で答えよう

❏❏❏ 設置の瑕疵とは、設置当初から欠陥がある場合をいい、保存の瑕疵とは、設置当初は欠陥がなかったが、設置後の維持管理の過程において欠陥が生じた場合をいう。[R3-8- エ]　　　　　☞②③答○

❏❏❏ 建物の設置又は保存に瑕疵があることによって他人に損害を生じたときは、一次的には所有者が土地工作物責任を負い、所有者が損害の発生を防止するのに必要な注意をしたときは、占有者が土地工作物責任を負う。[R3-8- ア]　　　　　☞④⑤答×

❏❏❏ 建物に建築基準法違反があることによって他人に損害を生じたときは、建設業者が損害賠償責任を負うのであって、建物の所有者及び占有者は土地工作物責任を負わない。[R3-8- ウ]　　　　　☞⑤答×

❏❏❏ 被害者に損害を賠償した工作物の所有者は、瑕疵を生じさせたことについて他に責任を負う者があったとしても、その者に対して求償権を行使することはできない。[予想問]　　　　　☞⑥答×

❏❏❏ 建物の管理を行う賃貸住宅管理業者は、建物の安全確保について事実上の支配をなしうる場合、占有者として土地工作物責任を負うことがある。[R3-8- イ]　　　　　☞⑦答○

6 耐震診断・補強

1 地震に強い構造

①耐震構造は、建物自体の剛性を高めることにより、強い揺れを受けても建物が倒壊するのを防ぐ構造である。

②免震構造は、建物の基礎と上部構造との間に積層ゴムや免震装置を設置することで地震力を一部吸収し、揺れを減らす構造である。

③制震構造は、建物骨組みに取りつけた制震ダンパーなどの制震装置で揺れを吸収する構造である。

2 耐震診断・耐震改修

④耐震診断は、建物に必要とされる耐力と現に保持している耐力を比較し、評価するものである。

⑤特定既存耐震不適格建築物の所有者は、耐震診断を行い、診断の結果、地震に対する安全性の向上を図る必要があると認められるときは、耐震改修を行うよう努めなければならない。

⑥賃貸住宅（共同住宅）は、ⓐ3 階以上かつ床面積 1,000㎡以上であり、ⓑ建築基準法の耐震規定に該当しないことの両方に該当する場合に、特定既存耐震不適格建造物となる。ⓑについて不明の場合は、昭和 56 年 5 月 31 日以前に工事着手したものであることが、その代替要件となる。

⑦所管行政庁は、特定既存耐震不適格建築物の耐震診断及び耐震改修の的確な実施を確保するために必要があるときは、所有者に対し、必要な指導及び助言をすることができる。

学習日	月 日	月 日	月 日	月 日
正答数	／5	／5	／5	／5

過去問＋
予想問！ **目標 4 分で答えよう**

7編

耐震診断・補強

❏❏❏ 制震構造は、基礎と建物本体との間にクッションを設け、地震による揺れを低減させる構造である。
[H27-38-3]
☞②③答✕

❏❏❏ 耐震診断は、建物に必要とされる耐力と現に保持している耐力を比較し、評価するものである。[H29-29-1]
☞④答○

❏❏❏ 特定既存耐震不適格建築物の所有者は、耐震診断を行い、診断の結果、地震に対する安全性の向上を図る必要があると認められるときは、耐震改修を行うよう努めなければならない。[H29-29-2]
☞⑤答○

❏❏❏ 昭和56年5月31日以前に新築の工事に着手した賃貸住宅（共同住宅に限る）は、特定既存耐震不適格建築物となる。[H29-29-3]
☞⑥答✕

❏❏❏ 所管行政庁は、特定既存耐震不適格建築物の耐震診断及び耐震改修の的確な実施を確保するために必要があるときは、所有者に対し、必要な指導及び助言をすることができる。[H29-29-4]
☞⑦答○

1　各種給水方式

①<u>水道直結方式</u>（直結直圧方式）は、圧力の変化を受けやすいので、水の使用量が多い建物には適さない。

②<u>増圧直結方式</u>（直結増圧方式）とは、増圧給水ポンプを経て直接各住戸に給水する方式である。<u>中規模までのマンション</u>やビルに適している。

③<u>高置水槽方式</u>とは、水を受水槽へ一時的に貯水し、その後<u>高置水槽</u>へ揚水して、重力により各階の住戸に給水する方式である。圧力の変動が<u>少なく</u>安定しているが、上階では水圧<u>不足</u>、下階では水圧<u>過大</u>になりやすい。断水時や停電時でも、一定期間は供給可能である。

2　配　　管

④<u>クロスコネクション</u>とは、飲料水の配管と他の配管とを直接連結することをいう。給水系統では、クロスコネクションをしてはならない。

⑤塩ビ管は、<u>強靱性・耐衝撃性・耐火性</u>で鋼管より劣るが、軽量で<u>耐食性</u>に優れている。

3　受　水　槽

⑥受水槽内の<u>ボールタップ</u>や定水弁が故障すると、水槽内の水が<u>オーバーフロー</u>管から溢れる現象や、減水した状態でポンプを空転させる不具合事象が発生する。

⑦受水槽の<u>天井・周壁・底部</u>は、建築物の構造（躯体）と兼用してはならない。

学習日	月 日	月 日	月 日	月 日
正答数	/7	/7	/7	/7

過去問＋
予想問！ 目標 **4** 分で答えよう

7編
給水設備

❏❏❏ 水道直結方式は、水道本管の圧力の変化を直接受けやすいため、水の使用量が多い建物には適していない。[予想問] ☞①答○

❏❏❏ 増圧直結方式は、水道本管から分岐して引き込んだ上水を増圧給水ポンプで各住戸へ直接給水する方式であり、中規模以下のマンションやビルを対象とする方式である。[H29-30-2] ☞②答○

❏❏❏ 高置水槽方式は、受水槽と高置水槽を利用するため、水道本管の断水時や、停電時でも一定の時間なら給水することが可能である。[R1-30-4] ☞③答○

❏❏❏ クロスコネクションは、給水系統において安全性が高いことから、多くの建物で採用されている。[予想問] ☞④答×

❏❏❏ 塩ビ管は、強靭性、耐衝撃性、耐火性で鋼管より劣るが、軽量で耐食性に優れている。[H29-30-4] ☞⑤答○

❏❏❏ 受水槽内のボールタップや定水弁が故障すると、水槽内の水がオーバーフロー管から溢れる現象や、減水した状態でポンプを空転させる不具合事象が発生する。[H29-30-3 改] ☞⑥答○

❏❏❏ 受水槽の天井、底又は周壁は、建物の躯体と兼用することができる。[R3-18-3] ☞⑦答×

8 給湯設備

1 給湯方式

①**飲用給湯方式**は、必要な箇所に個別に設置する方式である。台所に給湯器を設置するのが、これに当たる。

②**局所給湯方式**は、住戸ごとに給湯器を設置する方式である。マンションなどでは、この方式が主流である。メーターボックスなどに小型の給湯器を設置して、部屋内に送る。

③**中央（セントラル）給湯方式**は、建物の屋上や地下にボイラー室を設置して、建物内に供給する方式である。ホテルや商業ビルでは、この方式を採用することが多い。

2 ガス給湯器

④ガス給湯器の湯を給湯する出湯能力は、号数で表される。1号とは、入水温度を 25℃ 上昇させた湯を毎分1リットル出湯できる能力をいう。

3 さや管ヘッダー方式

⑤**さや管ヘッダー方式**は、洗面所等の水回り部に設置されたヘッダーから管をタコ足状に分配し、各水栓等の器具に単独接続するものである。

⑥さや管ヘッダー方式における専有部分内の給水・給湯配管には、主に**樹脂性**（ポリブテン管、架橋ポリエチレン管）が用いられる。

⑦さや管ヘッダー方式は、各水栓で同時に2か所以上使用しても、水量や水圧の変動が**小さい**。

学習日	月 日	月 日	月 日	月 日
正答数	／6	／6	／6	／6

過去問＋予想問！ **目標 4 分で答えよう**

7編
給湯設備

❏❏❏ 現在、マンションでは<u>中央（セントラル）給湯方式が主流</u>であり、局所給湯方式は<u>用いられていない</u>。[予想問]　☞②③答×

❏❏❏ 中央（セントラル）給湯方式は、建物の屋上や地下にボイラー室を設置して、建物内に供給する方式である。ホテルや商業ビルでは、この方式を採用することが多い。[予想問]　☞③答○

❏❏❏ ガス給湯機に表示される号数は、1分間に現状の水温＋25℃のお湯をどれだけの量（リットル）を出すことができるかを表した数値である。[R3-18-4]　☞④答○

❏❏❏ さや管ヘッダー方式は、洗面所等の水回り部に設置されたヘッダーから管をタコ足状に分配し、各水栓等の器具に単独接続するものである。[R2-40-2]　☞⑤答○

❏❏❏ さや管ヘッダー方式における専有部分内の給水・給湯配管には、主に樹脂性（ポリブテン管、架橋ポリエチレン管）が用いられる。[予想問]　☞⑥答○

❏❏❏ さや管ヘッダー方式は、台所と浴室等、同時に2か所以上で使用しても水量や水圧の変動が少ない。[R3-18-2]　☞⑦答○

9 排水設備

1 排水管

①塩化ビニル管（塩ビ管）は、強靭性・耐衝撃性・耐火性で鋼管より劣るが、軽量で耐食性に優れているので、専有部分や排水管などに多く使われている。

2 排水設備（トラップ）

②1つの排水系統に対して2つ以上の排水トラップを直列に配置する二重トラップは、排水の流れが悪くなるため、禁止されている。

③排水トラップの封水深は、トラップの形状を問わず、5cm以上10cm以下である。

④排水トラップの封水深は、浅いと破封しやすく、深いと自浄作用がなくなる。

⑤ドラムトラップは、封水の安定度が高く、台所の流し等に使用される。

3 通気設備

⑥伸頂通気方式は、排水立て管の先端を延長した通気管を、屋上等で大気に向けて開口する方式である。

⑦通気立て管は、その下端を排水立て管の下部または排水横主管に接続し、その上端を屋上またはその近辺で大気に開口する管で、排水立て管の流れを円滑にする機能を持つ。

4 浄化槽

⑧浄化槽は、微生物によって分解された汚物等が汚泥となり、槽の底に堆積することで、上部にあるきれいな水を放流するしくみである。

過去問＋予想問！ 目標 **4** 分で答えよう

7編

排水設備

❑❑❑ 塩化ビニル管（塩ビ管）は、強靭性・耐衝撃性・耐火性で鋼管より劣るが、軽量で耐食性に優れているので、専有部分や排水管などに多く使われている。[予想問] ☞①答○

❑❑❑ 1系統の排水管に対し、2つ以上の排水トラップを直列に設置することは、排水の流れを良くする効果がある。[R4-18-イ] ☞②答×

❑❑❑ 排水トラップの封水深は、深いと破封しやすく、浅いと自浄作用がなくなる。[R1-31-1] ☞④答×

❑❑❑ ドラムトラップは、封水の安定度が高く、台所の流し等に使用される。[R1-31-2] ☞⑤答○

❑❑❑ 伸頂通気方式は、排水立て管の先端を延長した通気管を、屋上等で大気に向けて開口する方式である。[R1-31-3] ☞⑥答○

❑❑❑ 通気立て管は、その下端を排水立て管の下部または排水横主管に接続し、その上端を屋上またはその近辺で大気に開口する管で、排水立て管の流れを円滑にする機能を持つ。[予想問] ☞⑦答○

❑❑❑ 浄化槽では、微生物によって分解された汚物等が汚泥となり、槽の底部に堆積する。[R1-31-4] ☞⑧答○

10 換気設備

1 換気方式

①自然換気方式は、室内と室外の温度差による対流や、風圧等の自然条件を利用した換気方式のことである。

②機械換気方式は、換気扇や送風機等の機械を利用して強制的に換気する方式のことである。

③第1種機械換気は、給気及び排気にファンを用いる方式である。

④機械換気の第1種換気は、居室に設けられる熱交換型換気設備等に採用される。

⑤第2種機械換気は、給気を機械換気、排気を自然換気で行う方式である。

⑥第3種機械換気は、給気を自然換気、排気を機械換気で行う方式である。室内が負圧になるため、他の部屋へ汚染空気が入らない。

2 シックハウス

⑦シックハウス症候群の原因となる揮発性有機化合物(VOC)の除去対策として、新築住宅は、原則として24時間稼働する機械換気設備の設置が義務付けられている。

⑧シックハウス症候群は、建材や家具、日用品等から発散するホルムアルデヒドや揮発性有機化合物(VOC)等が原因だと考えられている。

学習日	月　日	月　日	月　日	月　日
正答数	／7	／7	／7	／7

過去問＋予想問！ 目標 **4** 分で答えよう

7編

換気設備

❏❏❏ 自然換気は、室内と室外の温度差による対流や風圧等の自然条件を利用した方式である。[R3-19-1]

☞①答○

❏❏❏ 機械換気方式は、換気扇や送風機等の機械を利用して強制的に換気する方式のことである。[H29-40-2]

☞②答○

❏❏❏ 第1種機械換気は、給気及び排気にファンを用いる方式である。[H28-39-2] ☞③答○

❏❏❏ 機械換気の第1種換気は、居室に設けられる熱交換型換気設備等に採用される。[H27-39-2] ☞④答○

❏❏❏ 給気のみ機械換気とする方式は、室内が負圧になるため、他の部屋へ汚染空気が入らない。[R3-19-3]

☞⑤⑥答×

❏❏❏ シックハウス症候群の原因となる揮発性有機化合物（VOC）の除去対策として、すべての住宅は、24時間稼働する機械換気設備の設置が義務付けられている。[H29-40-1] ☞⑦答×

❏❏❏ シックハウス症候群は、建材や家具、日用品等から発散するホルムアルデヒドや揮発性有機化合物（VOC）等が原因だと考えられている。[H29-40-3]

☞⑧答○

11 電気設備(1)

1 引込み

①電力会社からの電力供給は、供給電圧によって、<u>低圧引込み</u>・<u>高圧引込み</u>・<u>特別高圧引込み</u>の3種類に分けられる。

②ある規模以上の共同住宅で、各住戸と共用部分の契約電力の総量が<u>50 キロワット</u>以上のときは、6,000 ボルトの高圧引込みとなり、受変電設備を設置する必要がある。

③建物への電力の供給方式における<u>借室方式</u>は、建物内の一室を変圧器室として電力会社へ提供する方式である。中規模のマンションに多く採用されている。

2 住戸内の電力供給方式

④<u>単相2線式</u>の場合、100 ボルトのみを使用できる。

⑤<u>単相3線式</u>では、3本の電線のうち真ん中の中性線と上または下の電圧線を利用すれば<u>100 ボルト</u>、中性線以外の上と下の電圧線を利用すれば<u>200 ボルト</u>が利用できる。

3 電線

⑥照明設備の電線を被膜しているビニールは、<u>熱や紫外線</u>の影響によって経年劣化し、絶縁抵抗が弱まる。そのため、定期的な抵抗測定により、配線を交換する必要がある。

学習日	月　日	月　日	月　日	月　日
正答数	／6	／6	／6	／6

過去問＋予想問！ 目標 4 分で答えよう

❑❑❑ 電力会社からの電力供給は、供給電圧によって、「低圧引込み」「高圧引込み」「特別高圧引込み」の3種類に分けられる。[H27-31-1]　　☞①答○

❑❑❑ ある規模以上の共同住宅で、各住戸と共用部分の契約電力の総量が50キロワット以上のときは、6,000ボルトの高圧引込みとなり、受変電設備を設置する必要がある。[R2-41-2]　　☞②答○

❑❑❑ 建物への電力の供給方式における借室方式は、建物内の一室を変圧器室として電力会社へ提供する方式である。[H27-31-2]　　☞③答○

❑❑❑ 単相2線式は、電圧線と中性線の2本の線を利用する方式であり、200ボルトの電力が必要となる家電製品等を使用することができる。[R4-19-2]

☞④⑤答×

❑❑❑ 住戸に供給される電力における単相3線式では、3本の電線のうち真ん中の中性線と上または下の電圧線を利用すれば100ボルト、中性線以外の上と下の電圧線を利用すれば200ボルトが利用できる。[R2-41-3]　　☞⑤答○

❑❑❑ 照明設備の電線を被膜しているビニールは、熱や紫外線の影響によって経年劣化し、絶縁抵抗が弱まるため、定期的な抵抗測定により、配線を交換する必要がある。[H30-31-4]　　☞⑥答○

12 電気設備(2)

必ず出る! 基礎知識　目標6分で覚えよう

1 住宅用分電盤

①住戸内のブレーカーが落ちる原因は、入居者が一時的に数個の家電製品を使用することや、漏電等である。

②サービスブレーカーは、契約以上の電気が流れると自動的に遮断する機器である。

③漏電ブレーカー(ELB＝アース・リーク・ブレーカー)は、電気配線や電気製品の傷みや故障により、電気が漏れているのをすばやく察知して回路を遮断し、感電や火災を防ぐ機器である。

④安全ブレーカーは、電気器具の故障などによって許容電流を超える電流となった場合に自動的に遮断する機器である。

⑤サービスブレーカーは、電力会社の所有物である。

⑥漏電ブレーカー・安全ブレーカーは、消費者の所有物である。

⑦感震ブレーカーは、地震発生時に設定値以上の揺れを検知したときに、ブレーカーやコンセントなどの電気を自動的に止める器具である。

2 建物内の停電

⑧一時的に過電流が流れ、遮断器が落ちて停電した場合は、分電盤を調べ、遮断器が落ちている回路を再び通電させて様子を見るべきである。再度停電するようであれば、その回路を切って、専門業者に修理を依頼する。

学習日	月 日	月 日	月 日	月 日
正答数	／5	／5	／5	／5

過去問＋予想問！ 目標 **4** 分で答えよう

7編

電気設備(2)

❑❑❑ 住戸内のブレーカーが落ちる原因は、入居者が一時的に数個の家電製品を使用することや、漏電等である。[H30-31-2] ☞①答○

❑❑❑ 漏電遮断機（漏電ブレーカー）は、電気配線や電気製品のいたみや故障により、電気が漏れているのをすばやく察知して回路を遮断し、感電や火災を防ぐ機器である。[H30-31-3] ☞③答○

❑❑❑ 分電盤内に設置されている漏電遮断器（漏電ブレーカー）及び配線用遮断器（安全ブレーカー）は、電力会社の所有物である。[予想問] ☞⑥答×

❑❑❑ ELB（アース・リーク・ブレーカー）は、地震発生時に設定値以上の揺れを検知したときに、ブレーカーやコンセントなどの電気を自動的に止める器具である。[R2-41-4] ☞③⑦答×

❑❑❑ 遮断器が落ちて停電した場合には、分電盤を調べ、遮断器が落ちている回路を再び通電させて、再度停電したときは、その回路を切って、専門業者に原因究明と修理を依頼する必要がある。[R2-41-1] ☞⑧答○

13 ガス設備

1 都市ガスとプロパンガス

①ガスは本来、無色・無臭である。ガス漏れを判断しやすくするために、匂いをつけてある。

②ほとんどの都市ガスは、空気より軽いのに対し、プロパンガス（LPガス）は、空気よりも重い。

③プロパンガスの熱量は、都市ガスの約2倍である。

2 ガ ス 管

④ガス管の配管材料として、以前は、屋外埋設管には鋳鉄管が、屋内配管には配管用炭素鋼鋼管（白ガス管）が使用されていた。白ガス管は、20年程度の埋設により腐食するため、現在、新設することは禁止されている。

⑤ガス管の配管材料として、近年は、屋外埋設管にはポリエチレン管やポリエチレン被覆鋼管が、屋内配管には塩化ビニル被覆鋼管が多く使われている。

3 ガスメーター

⑥ガスメーター（マイコンメーター）には、ガスの使用量を計量する機能や、ガスの異常放出や地震等の異常を感知して自動的にガスの供給を遮断する機能が備えられている。

⑦ガスの使用を開始する際には、住戸ごとに、利用者が立会い、ガス会社による開栓作業が必要である。

学習日	月　日	月　日	月　日	月　日
正答数	／6	／6	／6	／6

過去問＋
予想問！　目標 **4** 分で答えよう

7編

ガス設備

❏❏❏ ほとんどの都市ガスは空気より軽いのに対し、プロパンガス（LPガス）は空気より重い。[H30-30-4]
☞②答○

❏❏❏ 都市ガスの熱量はプロパンガスの<u>約2倍</u>である。[予想問]
☞③答×

❏❏❏ ガス管の配管材料として、現在、新築の物件には主に<u>白ガス管が使用されている</u>。[予想問]　☞④答×

❏❏❏ ガス管の配管材料として、近年は、屋外埋設管にはポリエチレン管やポリエチレン被覆鋼管が、屋内配管には塩化ビニル被覆鋼管が多く使われている。[R4-19-4]　☞⑤答○

❏❏❏ ガスメーター（マイコンメーター）には、ガスの使用量を計量する機能や、ガスの異常放出や地震等の異常を感知して、自動的にガスの供給を遮断する機能が備えられている。[H30-30-3]　☞⑥答○

❏❏❏ ガスの使用を開始する際には、住戸ごとに、<u>管理業者</u>が立会い、ガス会社による開栓作業が必要である。[H30-30-1]　☞⑦答×

14 消防用設備(1)

1 消防設備設置の目的

①共同住宅における消防設備は、建物に火災が発生したとき、火災の<u>感知・報知・連絡・通報・消火・避難・誘導</u>が安全かつ迅速にできること、消防隊の活動を支援することを目的として設置される。

2 火災の種類と消防設備

②<u>A火災</u>とは、通常の火災のことである。

③<u>B火災</u>とは、石油類その他の油火災のことである。

④<u>C火災</u>とは、電気火災のことである。

⑤<u>住宅用（家庭用）消火器</u>は、詰め替えができない構造となっている。

⑥自動火災報知設備における<u>定温式スポット型</u>は、火災の熱によって一定の温度以上になると作動する。

⑦自動火災報知設備における煙感知器のうち、<u>イオン式スポット型</u>は、機器の中のイオン電流が煙によって遮断されると作動する。

⑧避難設備には、<u>避難器具・誘導灯・誘導標識</u>がある。

⑨自動火災報知器等が設置されていないすべての住宅には、<u>住宅用火災警報器</u>の設置が義務付けられている。

⑩複合用途建物では、<u>住宅用火災警報器</u>を住宅部分に設置しなければならない。

学習日	月 日	月 日	月 日	月 日
正答数	/7	/7	/7	/7

過去問+予想問！ 目標 **4** 分で答えよう

7編

消防用設備(1)

❑❑❑ 共同住宅における消防設備は、建物に火災が発生したとき、火災の感知、報知、連絡、通報、消火、避難及び誘導が安全かつ迅速にできること、並びに消防隊の活動を支援することを目的として設置される。[H28-31-2] ☞①答〇

❑❑❑ B火災とは、石油類その他の可燃性液体、油脂類等が燃える油火災のことである。[H27-32-2] ☞③答〇

❑❑❑ 業務用の消火器については10年ごとに、家庭用の消火器については5年ごとに<u>消火剤の詰め替えをすることが望ましい</u>。[H29-31-イ改] ☞⑤答×

❑❑❑ 自動火災報知設備における定温式スポット型は、火災の熱によって一定の温度以上になると作動する。[H27-32-3] ☞⑥答〇

❑❑❑ 自動火災報知設備における煙感知器のうち、イオン式スポット型は、機器の中のイオン電流が煙によって遮断されると作動する。[H28-31-3] ☞⑦答〇

❑❑❑ 自動火災報知設備等が設置されていないすべての住宅には、住宅用火災警報器の設置が義務付けられている。[H29-31-ア] ☞⑨答〇

❑❑❑ 複合用途建物では、住宅用火災警報器を住宅部分<u>又はその他の部分のいずれか</u>に設置しなければならない。[H28-31-1] ☞⑩答×

15 消防用設備(2)

1 防火管理

①共同住宅は、消防法上、<u>非特定用途防火対象物</u>に分類される。

②共同住宅は、賃貸物件であっても、収容人員が <u>50</u> 人以上の場合は、<u>防火管理者</u>を定め、防火管理を行う必要がある。

③管理権原者は、<u>防火管理者</u>を選任し、防火管理業務を行わせなければならない。

④<u>防火管理者</u>を選任しなければならないにもかかわらず選任していない場合、消防法違反となり、処分を受けることがある。

⑤賃貸住宅における管理権原者は、<u>貸主(所有者)</u>等である。

⑥<u>管理権原者</u>は、管理業者を防火管理者として選任しても、防火管理責任を免れることは<u>でき</u>ない。

⑦貸主(所有者)は、防火管理業務を<u>管理業者</u>に一括委託することにより防火管理者を選任することができる。しかし、消防署への選任届出が義務付けられているのは、<u>貸主(所有者)</u>である。

⑧防火管理者の行う業務のうち、特に重要なものは、<u>消防計画の作成</u>である。

学習日	月 日	月 日	月 日	月 日
正答数	/7	/7	/7	/7

過去問＋予想問！ 目標 **4** 分で答えよう

消防用設備 (2)

❏❏❏ 共同住宅は、消防法上「特定用途防火対象物」に分類される。[H27-32-1] ☞①答×

❏❏❏ 共同住宅は、賃貸物件であっても、収容人員が50人以上の場合は防火管理者を定め、防火管理を行う必要がある。[H29-31-ウ] ☞②答○

❏❏❏ 管理権原者は、防火管理者を選任し、防火管理業務を行わせなければならない。[H30-32-1] ☞③答○

❏❏❏ 賃貸住宅における管理権原者は、貸主（所有者）等である。[H30-32-2] ☞⑤答○

❏❏❏ 管理権原者は、管理業者を防火管理者として選任することで、防火管理責任を免れることができる。[H30-32-3] ☞⑥答×

❏❏❏ 貸主（所有者）は、防火管理業務を管理業者に一括委託することにより防火管理者を選任することができる。しかし、消防署への選任届出が義務付けられているのは、貸主（所有者）である。[予想問] ☞⑦答○

❏❏❏ 防火管理者の行う業務のうち、特に重要なものは、消防計画の作成である。[H30-32-4] ☞⑧答○

16 その他の設備

1 昇降機設備の分類

①エレベーターは、その駆動方式により、ロープ式と油圧式に分類される。

②ロープ式エレベーターは、建物上部に機械室を設ける。ただし、機械室のないタイプもあり、マシンルームレスとよばれる。

③油圧式エレベーターは、建物下部に機械室を設ける。

2 昇降機の保守契約

④エレベーターの保守契約におけるフルメンテナンス契約は、部品の取替えや機器の修理を状況に合わせて行う内容で、月々の契約は割高となる。

⑤エレベーターの保守契約における POG 契約（パーツ・オイル＆グリース契約）は、契約範囲外の部品の取替えや機器の修理は別料金となるので、経年劣化により費用が増加する。

⑥建物の所有者または管理者は、特定行政庁が定める時期に、昇降機定期点検報告書を提出しなければならない。

3 機械式駐車場設備

⑦機械式駐車場設備は、その構造や規模により、不活性ガス消火設備・泡消火設備・ハロゲン化物消火設備等の設置が義務付けられている。

過去問＋予想問！ **目標 4 分で答えよう**

7編 その他の設備

❏❏❏ ロープ式エレベーターは建物下部に機械室を設けるのに対して、油圧式エレベーターは建物上部に機械室を設ける。[予想問] ☞②③答×

❏❏❏ エレベーターの保守契約におけるフルメンテナンス契約は、部品の取替えや機器の修理を状況に合わせて行う内容で、月々の契約は割高となる。[H28-32-2] ☞④答○

❏❏❏ エレベーターの保守契約における POG 契約（パーツ・オイル＆グリース契約）は、契約範囲外の部品の取替えや機器の修理は別料金となるので、経年劣化により費用が増加することはない。[H28-32-1] ☞⑤答×

❏❏❏ 建物の所有者又は管理者は、特定行政庁が定める時期に、昇降機定期点検報告書を提出しなければならない。[H28-32-3] ☞⑥答○

❏❏❏ 機械式駐車場設備は、その構造や規模により、不活性ガス消火設備、泡消火設備、ハロゲン化物消火設備等の設置が義務付けられている。[H28-32-4] ☞⑦答○

第 8 編

賃貸業への
支援業務

1 企画提案と準備

必ず出る！ 基礎知識 目標 **6** 分で覚えよう

1 企画提案

① 10 年間から 20 年間の比較的短期の事業期間を考えている土地所有者に対しては、コストを優先し、アパートを提案する。

② 20 年以上の中長期で考える場合、コストよりも近隣物件との差別化を優先して提案する。

③ 50 年以上の超長期で考える場合、スケルトン・インフィルまで視野に入れたマンションを提案する。

④オフィスビルや店舗ビルの賃貸経営は、ハイリスク・ハイリターンであるといえる。

⑤賃貸住宅の経営は、ローリスク・ローリターンであるといえる。

2 建蔽率

⑥建蔽率とは、建築面積の敷地面積に対する割合である。

⑦住居系の用途地域での建蔽率は、30% から 80% の範囲で指定される。

⑧商業系の用途地域での建蔽率は、60% から 80% の範囲で指定される。

⑨工業系の用途地域での建蔽率は、30% から 80% の範囲で指定される。

学習日	月 日	月 日	月 日	月 日
正答数	／6	／6	／6	／6

過去問＋予想問！ 目標 **4** 分で答えよう

8編
企画提案と準備

❏❏❏ 10年間から20年間の比較的短期の事業期間を考えている土地所有者に対しては、コストを優先し、アパートを提案する。[H29-32-4]　　☞①答〇

❏❏❏ 賃貸住宅の経営は、オフィスビルや店舗ビルの賃貸経営に比べると、ローリスク・ローリターンであるといえる。[H29-32-1]　　☞④⑤答〇

❏❏❏ 建蔽率とは、建築面積の敷地面積に対する割合である。[H28-29-1]　　☞⑥答〇

❏❏❏ 住居系の用途地域での建蔽率は、30%から80%の範囲で指定される。[H28-29-2]　　☞⑦答〇

❏❏❏ 商業系の用途地域での建蔽率は、60%から80%の範囲で指定される。[H28-29-3]　　☞⑧答〇

❏❏❏ 工業系の用途地域での建蔽率は、<u>70%から90%</u>の範囲で指定される。[H28-29-4]　　☞⑨答×

2 賃貸住宅のコンセプト

◢ 1 ペット可能賃貸住宅

①ペット可能賃貸住宅を建設する場合、<u>動物専用汚物流し</u>
（排泄物を処理する設備）や足洗い場を設置する必要がある。
それでも、トラブルが生じることはある。

②ペット可能賃貸住宅においては、<u>他の住民</u>とのトラブル
に対応する必要がある。

◢ 2 音楽専用マンション

③<u>音楽専用マンション</u>などの特定の趣味等にターゲットを
絞った賃貸住宅を企画することは、供給するエリアでの
需給バランスが合えば、その希少性から賃料を<u>高く</u>設定
できる可能性が高い。

◢ 3 サービス付き高齢者向け住宅

④<u>サービス付き高齢者向け住宅</u>（サ高住）とは、賃貸住宅ま
たは有料老人ホームにおいて、<u>状況把握・生活相談サー
ビス</u>等を提供するものである。

◢ 4 シェアハウス

⑤<u>シェアハウス</u>の場合、管理業者が複数の借主の間に立っ
て主導的な役割を果たす必要に迫られる場合があるので、
通常の賃貸住宅より管理業務に要する時間が<u>多く</u>なる。

⑥シェアハウスとは、複数の者が<u>キッチン</u>、浴室等の施設
を<u>共用</u>する形態の住宅であり、賃貸借契約や管理の面に
おいて通常の共同住宅と異なる。

学習日	月 日	月 日	月 日	月 日
正答数	／6	／6	／6	／6

過去問＋予想問! 目標 **4** 分で答えよう

❑❑❑ ペット可能賃貸住宅を建設する場合、動物専用汚物流し（排泄物を処理する設備）や足洗い場を設置すれば、他の借主からの苦情が寄せられることはない。
[H27-40-4]　　☞①答×

8編

賃貸住宅のコンセプト

❑❑❑ ペット可能な賃貸住宅においては、主にペット同士のトラブルを念頭に、共用部分で他のペットとの接触が最小限に抑えられている程度なら許可を与えることを基本ルールとしている。[H30-40-3]　☞②答×

❑❑❑ 音楽専用マンションなどの特定の趣味等にターゲットを絞った賃貸住宅を企画することは、供給するエリアでの需給バランスが合えば、その希少性から賃料を高く設定できる可能性が高い。[H27-40-2]
☞③答○

❑❑❑ サービス付き高齢者向け住宅とは、賃貸住宅又は有料老人ホームにおいて、状況把握・生活相談サービス等を提供するものである。[H30-40-1]　☞④答○

❑❑❑ シェアハウスの場合、管理業者が複数の借主の間に立って主導的な役割を果たす必要に迫られる場合があるので、通常の賃貸住宅より管理業務に要する時間が多くなる。[H27-40-1]　　☞⑤答○

❑❑❑ シェアハウスとは、複数の者がキッチン、浴室等の施設を共用する形態の住宅であるが、賃貸借契約や管理の面において通常の共同住宅と異なることはない。[H29-32-3]　　☞⑥答×

1 登記のしくみ

①表題部には、不動産の物理的現況等の表示がなされる。

②表題登記や滅失登記は、取得または滅失の日から1か月以内に申請しなければならない。申請のない場合、登記官が職権で登記することができる。

③権利部は、甲区と乙区に区分されており、甲区には所有権に関する登記事項、乙区には所有権以外の権利に関する登記事項が記載される。

④権利部の登記は、相続による所有権移転登記を除いて、義務ではない。ただし、権利部への登記がなければ、原則として、第三者に対抗することはできない。

⑤ある土地や建物について、はじめてする所有権の登記を所有権保存の登記という。

⑥登記の前後は、同区間であれば順位番号、別区間であれば受付番号により判断する。

2 登記の手続

⑦権利部の登記申請は、原則として、登記権利者と登記義務者が共同してしなければならない。

⑧仮登記も、共同申請が原則である。ただし、仮登記の登記義務者の承諾がある場合や仮登記を命ずる処分がある場合は、仮登記の登記権利者が単独で申請することができる。

学習日	月　日	月　日	月　日	月　日
正答数	／6	／6	／6	／6

過去問＋予想問！ 目標 **4** 分で答えよう

□□□ 建物が滅失したときは、表題部所有者又は所有権の
登記名義人は、その滅失の日から1月以内に、当該
建物の滅失の登記を申請しなければならない。[予想
問]　　　　　　　　　　　　　　　　☞②答○

□□□ 物件の権利関係の調査のために登記記録を閲覧する
ときは、乙区に基づき、登記上の名義人と貸主が異
ならないかを確認する必要がある。[R1-12-2]

☞③答✕

□□□ 土地や建物を取得した場合、速やかに所有権保存の
登記または所有権移転の登記をしなければならない。
[予想問]　　　　　　　　　　　　　☞④答✕

□□□ 未登記の不動産について、初めてする権利に関する
登記をするときの登記を所有権の保存の登記という。
[R1-33-2]　　　　　　　　　　　　　☞⑤答○

□□□ 登記の申請は、登記権利者及び登記義務者が共同し
てするのが原則である [予想問]　　☞⑦答○

□□□ 仮登記の申請は、仮登記義務者の承諾があれば、仮
登記権利者が単独ですることができる。[予想問]

☞⑧答○

8編

不動産登記

1 事業収支

①賃貸不動産事業がそれ単独で十分な利益が見込めない場合であっても、相続税対策として確実かつ十分な効果が見込める場合には、当該事業を実施するとの判断も可能である。

②借入金の返済方法には、元利均等返済と元金均等返済の2つの方法があり、不動産賃貸事業資金の融資には、元利均等返済が多く採用されている。

③元利均等返済は、返済期間中、一定の額を返済する方式である。当初は、金利支払いのほうが元本返済よりも多くなる。

④元金均等返済は、返済が進むにつれて返済額が少なくなる方式である。当初は、返済負担が重くなる。

⑤建物の延べ床面積に対する専有部分面積割合をレンタブル比という。レンタブル比の値は、建物のグレードが高いものほど、あるいは規模が小さくなるほど、低くなる傾向にある。

⑥住宅の耐用年数は、鉄筋コンクリート造で47年、重量鉄骨造で34年、木造（サイディング張）で22年とされている。

⑦建物はすべて、定額法で償却する。定率法は使用できない。

⑧定額法は、毎年の減価償却費を同額とする方法である。

⑨定率法は、初めに減価償却費を多くして、年が経つごとに減価償却費を減らしていく方法である。

過去問＋予想問！ 目標 **4** 分で答えよう

8編

事業収支

❑❑❑ 賃貸不動産事業がそれ単独で充分な利益が見込めない場合であっても、相続税対策として確実で充分な効果が見込める場合には、当該事業を実施するとの判断も可能である。[H28-33-4] ☞①答○

❑❑❑ 借入金の返済方法には、元利均等返済と元金均等返済の二つの方法があるが、不動産賃貸事業資金の融資には、元利均等返済が多く採用されている。[H28-33-3] ☞②答○

❑❑❑ 建物の延べ床面積に対する専有部分面積割合をレンタブル比といい、レンタブル比の値は、建物のグレードが高いものほど、あるいは規模が小さくなるほど、低くなる傾向にある。[H28-33-2] ☞⑤答○

❑❑❑ 住宅の耐用年数は、鉄筋コンクリート造で47年、重量鉄骨造で34年、木造（サイディング張）で22年とされており、定額法又は定率法によって償却する。[H28-33-1] ☞⑥⑦答×

❑❑❑ 定額法とは、始めに減価償却費を多くして、年が経つごとに減価償却費を減らしていく方法であり、定率法とは、毎年の減価償却費を同額とする方法である。[予想問] ☞⑧⑨答×

5 保 険

1 保 険

①賃貸不動産の経営における危険を軽減・分散するための重要な方策の1つに、保険の利用がある。

②保険とは、万一の事故に対して備える相互扶助の精神から生まれた助け合いの制度である。

2 保険の種類

③保険商品の分類には、保険業法上、第一分野(生命保険)・第二分野(損害保険)・第三分野(その他)という分類方法がある。

④賃貸不動産の経営において最も有用な保険は、第二分野の損害保険である。

⑤住宅に関する火災保険である「すまいの保険」は、火災、落雷、破裂・爆発、風災、雹災、雪災により建物や家財に生じた損害に備える保険である。

⑥地震保険は、住宅に関する火災保険に付帯して加入することにより、地震・噴火・津波を原因とする火災や損壊等による損害を補償する保険である。

⑦地震保険は、火災保険に付帯して加入する保険であって、地震保険のみの単独での加入はできない。

⑧地震保険の保険金額は、火災保険の30%〜50%までとなる。

⑨借家人賠償責任保険は、火災・破裂・爆発・漏水により損害を与えてしまった際に、賃貸人に対する法律上の損害賠償責任を負った場合の賠償金等を補償する保険である。

学習日	月　日	月　日	月　日	月　日
正答数	／6	／6	／6	／6

過去問＋予想問！ 目標 **4** 分で答えよう

❑❑❑ 賃貸不動産経営には様々なリスクが存在するが、保険に加入することでそのリスクを一定程度軽減・分散することができる。[R4-48-1]　　☞①答○

❑❑❑ 賃貸不動産経営において最も活用される損害保険は、保険業法上、第一分野に分類される。[R3-49-2]　　☞③答✕

❑❑❑ 住宅に関する火災保険である「すまいの保険」は、火災、落雷、破裂・爆発、風災、雹（ひょう）災、雪災により建物や家財に生じた損害に備える保険である。[H30-34-3]　　☞⑤答○

❑❑❑ 地震保険は、住宅に関する火災保険に付帯して加入することにより、地震・噴火・津波を原因とする火災や損壊等による損害を補償する保険である。[H27-34-4]　　☞⑥答○

❑❑❑ 地震保険は、地震、噴火又はこれらによる津波を原因とする建物や家財の損害を補償する保険であるが、特定の損害保険契約（火災保険）に付帯して加入するものとされており、単独での加入はできない。[R3-49-3]　　☞⑦答○

❑❑❑ 賃貸不動産の建物所有者が火災保険に加入する場合、主契約である火災保険の保険金額の8割以内の範囲で地震保険にも加入しておくことが一般的である。[H30-34-2]　　☞⑧答✕

8編

保

険

6 不動産の証券化

1 アセットマネジメント

①アセットマネジメント (AM) は、資金運用の計画・実施を行う。

②アセットマネジメントは、投資家から委託を受け、プロパティマネジメント会社からの報告を受けて投資の状況を把握し、現実の管理運営を指示しながら、売却によって投下資金を回収する。

2 プロパティマネジメント

③プロパティマネジメント (PM) は、実際の賃貸管理・運営を行う。

④プロパティマネジメントは、アセットマネージャーから委託を受け、その指示の下にプロパティマネジメント業務を行う。また、投資家から委託を受けることもあり、投資家のために業務を行う。

⑤プロパティマネジメント会社は、自らの業務に合理性があることについて説明責任を負っており、説明責任を果たすための客観的な根拠を常に準備しておかなければならない。

⑥プロパティマネジメントの業務には、中・長期的な改修・修繕の計画を策定して実施するコンストラクションマネジメント (CM) も取り入れられはじめている。

⑦対象不動産の管理業にかかる経費のことを PM フィーという。手数料であって、収益ではない。

学習日	月　日	月　日	月　日	月　日
正答数	／6	／6	／6	／6

⊙ 過去問＋予想問！ 目標 **4** 分で答えよう ⊙

8編

不動産の証券化

☐☐☐ アセットマネジメントは、実際の賃貸管理・運営を行うのに対し、プロパティマネジメントは、資金運用の計画・実施を行う。[H28-34-4]　　☞①③答×

☐☐☐ アセットマネージャーは、プロパティマネージャーの指示のもとに、アセットマネジメント業務を担当する。[R4-50-4]　　☞④答×

☐☐☐ プロパティマネジメントは、投資家から委託を受けて、投資家のために行われる業務である。[H30-33-4]
☞④答○

☐☐☐ プロパティマネージャーは、自らの業務に合理性があることについて、説明責任を負担しており、説明責任を果たすための客観的な根拠を準備しておかなければならない。[R4-50-1]　　☞⑤答○

☐☐☐ プロパティマネジメントの業務には、中・長期的な改修・修繕の計画を策定して実施するコンストラクションマネジメント（CM）も取り入れられはじめている。[H27-33-4]　　☞⑥答○

☐☐☐ 不動産鑑定評価基準では、DCF法の適用過程の明確化の中で、収益費用項目の統一化が図られ、PMフィーは運営収益として計上されるようになった。[H28-34-2]　　☞⑦答×

7 賃貸不動産管理と相続(1)

必ず出る！基礎知識　目標 6 分で覚えよう

1　相続人と相続分

①法定相続人が配偶者と子の場合、法定相続分は、配偶者
  2分の1、子2分の1（複数の場合は人数按分）となる。

②法定相続人が配偶者と直系尊属の場合、法定相続分は、
  配偶者3分の2、直系尊属3分の1（複数の場合は人数按分）
  となる。

③法定相続人が配偶者と兄弟姉妹の場合、法定相続分は、
  配偶者4分の3、兄弟姉妹4分の1（複数の場合は人数按分）
  となる。

2　代襲相続

④子が被相続人の死亡以前に死んでいた場合、欠格者であ
  る場合、廃除された場合は、孫が子に代わって相続する。
  これを代襲相続という。

⑤相続放棄の場合、代襲相続は認められない。

3　相続の承認と放棄

⑥限定承認は、共同相続人の全員が共同して行わなければ
  ならない。

⑦承認・放棄は、相続開始を知った時から3か月以内にし
  なければならない。期間内に承認・放棄をしない場合は、
  単純承認とみなされる。

⑧限定承認・相続放棄は、家庭裁判所へ申述しなければな
  らない。

学習日	月 日	月 日	月 日	月 日
正答数	／6	／6	／6	／6

過去問＋予想問！ 目標 **4** 分で答えよう

8編
賃貸不動産管理と相続(1)

❏❏❏ 法定相続人が配偶者と子の場合、法定相続分は、配偶者3分の2、子3分の1（複数の場合は人数按分）となる。[予想問]　　　　　　☞①答×

❏❏❏ 法定相続人が配偶者と直系尊属の場合、法定相続分は、配偶者3分の2、直系尊属3分の1（複数の場合は人数按分）となる。[予想問]　　　☞②答○

❏❏❏ 法定相続人が配偶者と兄弟姉妹の場合、法定相続分は、配偶者4分の3、兄弟姉妹4分の1（複数の場合は人数按分）となる。[H30-36-3]　　☞③答○

❏❏❏ 被相続人の子が、相続の開始後に相続放棄をした場合、その者の子がこれを代襲して相続人となる。[予想問]　　　　　　　　　　　　　☞⑤答×

❏❏❏ 相続人が、被相続人の妻と子のみである場合において、妻が単純承認をすると、子は、限定承認をすることができない。[予想問]　　　　☞⑥答○

❏❏❏ 相続人が、自己のために相続の開始があったことを知った時から3か月（家庭裁判所が期間の伸長をした場合は当該期間）以内に、限定承認又は放棄をしなかったときは、相続放棄をしたものとみなされる。[予想問]　　　　　　　　　　　　　☞⑦答×

8 賃貸不動産管理と相続⑵

1 遺　　言

①遺言は、法律上定められた方式に従って行わなければならない。主なものは、<u>自筆証書遺言・公正証書遺言・秘密証書遺言</u>の３種類である。

②満 <u>15</u> 歳に達した者は、遺言をすることができる。

③遺言は、<u>２人</u>以上の者が<u>同一の証書</u>ですることはできない。

④遺言は、いつでも自由に<u>撤回</u>することができる。

⑤前の遺言と後の遺言とが抵触する部分については、<u>後の遺言</u>により<u>前の遺言</u>を撤回したものとみなされる。

⑥前にした遺言と異なる処分をした場合、<u>遺言を撤回した</u>ものとみなされる。

⑦<u>自筆証書遺言</u>及び<u>秘密証書遺言</u>による遺言の保管者は、原則として遺言書を家庭裁判所に提出し、<u>検認</u>を請求しなければならない。ただし、検認を怠っても、遺言は無効とはならない。

2 遺　留　分

⑧遺留分を侵害する遺言も、<u>有効</u>である。

⑨遺留分は、被相続人の財産の<u>２分の１</u>である。ただし、直系尊属のみが相続人である場合は、被相続人の財産の<u>３分の１</u>である。

⑩<u>兄弟姉妹</u>には、遺留分が認められない。

⑪遺留分侵害額の請求は、<u>訴え</u>によらなくても可能である。

学習日	月　日	月　日	月　日	月　日
正答数	／6	／6	／6	／6

過去問＋予想問！ 目標 4 分で答えよう

□□□　満15歳に達した者は、父母の同意を得なくても、遺言をすることができる。［予想問］　　☞②答○

□□□　夫婦または血縁関係がある者は、同一の証書で有効に遺言をすることができる。［予想問］　☞③答×

□□□　公正証書により遺言を作成した場合、その遺言は撤回することができない。［予想問］　　☞④答×

□□□　自筆証書遺言及び秘密証書遺言による遺言の保管者は、原則として遺言書を家庭裁判所に提出し、検認を請求しなければならない。ただし、検認を怠っても、遺言は無効とはならない。［予想問］　☞⑦答○

□□□　Aは未婚で子供がなく、父親Bが所有する甲建物にBと同居している。Aの母親Cは令和元年5月末日に死亡している。AにはBとCの実子である兄Dがいる。この場合において、Aが他人Eに遺産全部を遺贈したとき、兄Dの遺留分は、遺産の8分の1である。［予想問］　　☞⑩答×

□□□　遺留分侵害額の請求は、訴えによらなくても可能である。［予想問］　　☞⑪答○

9 賃貸不動産経営⑴

1 収入金額

①支払日が定められている収入は、定められた支払日に計上しなければならない。入居者の滞納による未収賃料も、収入金額に含める。

②返還を要しない敷金や保証金は、返還しないことが確定したときに収入として計上する。契約時に償却することが確定している場合、契約初年度の収入として計上する。

2 必要経費

③不動産所得の金額の計算上、消費税（税込で経理処理をしている場合）は、必要経費として認められる。なお、資産の取得に伴う租税公課ではないものとする。

④不動産所得の金額の計算上、固定資産税・都市計画税は、必要経費として認められる。ただし、自宅にかかるものを除く。

⑤不動産所得の金額の計算上、所得税は、必要経費として認められない。

⑥不動産所得の金額の計算上、事業税は、必要経費として認められる。なお、資産の取得に伴う租税公課ではないものとする。

⑦不動産所得の金額の計算上、住民税は、必要経費として認められない。

⑧所得金額の計算上、購入代金が10万円未満の少額の減価償却資産については、全額をその業務の用に供した年分の必要経費とする。

学習日	月 日	月 日	月 日	月 日
正答数	／6	／6	／6	／6

過去問＋予想問！ 目標 4 分で答えよう

❏❏❏ 不動産所得の収入に計上すべき金額は、その年の1月1日から12月31日までの間に実際に受領した金額とすることが原則であり、未収賃料等を収入金額に含める必要はない。[R3-45-4] ☞①圏×

❏❏❏ 賃貸借契約書に「保証金は退去時にその10%を償却するものとする」との記載がある場合、貸主は、償却額を契約初年度の収入金額に含めなければならない。[H27-36-3] ☞②圏○

❏❏❏ 不動産所得の金額の計算上、自宅に係る固定資産税・都市計画税は必要経費として認められる。なお、資産の取得に伴う租税公課ではないものとする。[H29-35-イ改] ☞④圏×

❏❏❏ 不動産所得の金額の計算上、所得税は必要経費として認められる。なお、資産の取得に伴う租税公課ではないものとする。[H29-35-ウ改] ☞⑤圏×

❏❏❏ 不動産所得の金額の計算上、住民税は必要経費として認められる。なお、資産の取得に伴う租税公課ではないものとする。[H29-35-オ改] ☞⑦圏×

❏❏❏ 所得金額の計算上、購入代金が10万円未満の少額の減価償却資産については、全額をその業務の用に供した年分の必要経費とする。[H30-35-1] ☞⑧圏○

8編
賃貸不動産経営(1)

1 所得計算

①サラリーマンで給与所得のみの場合、<u>年末調整</u>をすれば、確定申告は不要である。しかし、<u>不動産所得</u>が生じている場合は、確定申告が必要となる。

②不動産所得がある場合には、<u>住所地</u>を管轄している税務署ごとに確定申告を行う。

③<u>印紙税</u>は、業務上の契約書等や領収書に貼付した場合でも、所得計算上の必要経費となる。

2 法 人 化

④<u>個人貸主</u>においては、<u>超過累進税率</u>の適用により所得が増えれば税率も上がるが、<u>資産管理会社</u>を設立し、収入を会社に移転させることにより、個人の所得が分散し、結果として<u>税率の緩和</u>を図ることができる。

⑤<u>法人化</u>することにより、メリットがある場合もある。所得が <u>800</u> 万円を超えると、法人化するほうが、メリットがあるとされている。ただし、<u>社会保険等</u>のコストも発生するため、一概にはいえない。

⑥不動産所有者が自ら設立した資産管理会社に対して支払った管理料が<u>不相当に高額</u>である場合には、<u>税務調査</u>により、管理料の一部につき、必要経費計上が否認されることがある。

学習日	月　日	月　日	月　日	月　日
正答数	／6	／6	／6	／6

過去問＋予想問！ 目標 4 分で答えよう

□□□ サラリーマン等給与所得者は会社の年末調整により税額が確定するので、通常は確定申告をする必要はないが、不動産所得がある場合には、確定申告により計算・納付をしなければならない。[R3-45-1]
☞①答○

□□□ 不動産所得がある場合には、賃貸物件の所在地を管轄している税務署ごとに確定申告を行う。[H30-35-4]
☞②答×

□□□ 印紙税は、業務上の契約書等や領収書に貼付した場合でも、所得計算上の必要経費にならない。[H30-35-3]
☞③答×

□□□ 個人貸主においては、超過累進税率の適用により所得が増えれば税率も上がるが、資産管理会社を設立し、収入を会社に移転させることにより、個人の所得が分散し、結果として税率の緩和を図ることができる。[H29-36-1]
☞④答○

□□□ 不動産賃貸経営を法人化すれば、個人の所得に対して課される所得税の税率は、法人に課される法人税の税率より高いため、所得の多寡を問わず、確実にメリットがあるといえる。[H29-36-2]
☞⑤答×

□□□ 不動産所有者が自ら設立した資産管理会社に対して支払った管理料が不相当に高額である場合には、税務調査により、管理料の一部につき、必要経費計上が否認されることがある。[H29-36-3]
☞⑥答○

8編 賃貸不動産経営(2)

11 賃貸不動産経営(3)

1 固定資産税

①適切な管理がなされていない空き家は、<u>小規模住宅用地の特例</u>（固定資産税の課税標準を<u>6分の1</u>とする特例）を受けられない場合がある。そのため、固定資産税額が最大<u>6</u>倍となる可能性がある。

②固定資産税は、原則として、毎年<u>1月1</u>日時点の所有者に対して課される。

③固定資産税は、<u>普通徴収</u>である。

④固定資産税の<u>価格</u>に不服がある場合、<u>固定資産評価審査委員会</u>に審査の申し出をすることができる。

2 所 得 税

⑤土地・建物の譲渡所得は、他の所得と分離して税額を計算する「<u>申告分離課税</u>」という計算方法をとる。

⑥相続人が取得した空き家やその敷地を売却した場合、所得税に関し、居住用財産を譲渡した場合の<u>3,000万円控除</u>の適用を受けることができる。

3 相 続 税

⑦所有地に賃貸住宅や賃貸ビルを建設すると、相続税の評価額の計算上、その土地は、<u>貸家建付地</u>となり、更地のときと比べて相続税の評価額が<u>下がる</u>。

⑧生前贈与について<u>相続時精算課税制度</u>を選択した受贈者（子）については、贈与者（親）の死亡による相続時に、この制度により贈与を受けた財産を<u>相続財産</u>に加算をして相続税の計算を行う。

学習日	月 日	月 日	月 日	月 日
正答数	／6	／6	／6	／6

過去問＋予想問！ 目標 **4** 分で答えよう

8編

賃貸不動産経営(3)

□□□ 適切な管理がされていない空き家は、防災・衛生・景観等、周辺の生活環境の観点から、固定資産税が最大で6倍になる可能性がある。[H28-36-2] ☞①答○

□□□ 固定資産税の徴収は、納税通知書を納税者に交付することによる「普通徴収」の方法であるから、課税標準や税額につき<u>不服を申し立てることは一切できない</u>。[H28-35-3] ☞③④答×

□□□ 土地・建物の譲渡所得は、他の所得と分離して税額を計算する「申告分離課税」という計算方法をとる。[H28-36-4] ☞⑤答○

□□□ 相続人が取得した空き家やその敷地を売却した場合、所得税に関し、居住用財産を譲渡した場合の 3,000万円控除の適用を受けることができる。[H28-36-1] ☞⑥答○

□□□ 所有地に賃貸住宅や賃貸ビルを建設すると、相続税の評価額の計算上、その土地は、貸家建付地となり、更地のときと比べて相続税の評価額が下がる。[H30-36-1] ☞⑦答○

□□□ 生前贈与について相続時精算課税制度を選択した受贈者（子）については、贈与者（親）の死亡による相続時に、この制度により贈与を受けた財産を相続財産に加算をして相続税の計算を行う。[H30-36-2] ☞⑧答○

●著者紹介●
土家幸希（つちや・こうき）
法律系資格を数多く保有するプロフェッショナル・ライ
ター。実務もこなす一方、社会貢献のため、後進を育成
することに力を注ぎ、資格取得の指導に余念がない。解
説の切れ味の良さには定評があり、教え子からの信頼も
厚く、数多くの一発合格者を輩出している。

装丁　やぶはな あきお

ケータイ賃貸不動産経営管理士 2024　学習初日から試験当日まで

2024 年 3 月 29 日　第 1 刷発行

著　者　土　家　幸　希
発行者　株式会社　三　省　堂
　　　　代表者　瀧本多加志
印刷者　大日本法令印刷株式会社
発行所　株式会社　三　省　堂
〒 102-8371　東京都千代田区麴町五丁目 7 番地 2
電　話　(03) 3230-9411
https://www.sanseido.co.jp/

<24 ケータイ賃貸管理士・216pp.>

© K. Tsuchiya 2024　　　　　　　　　Printed in Japan

落丁本・乱丁本はお取り替えいたします。
本書の内容に関するお問い合わせは、弊社ホームページの「お問い合わせ」
フォーム（https://www.sanseido.co.jp/support/）にて承ります。

ISBN978-4-385-32549-1